ストーリーで身につける

スペイン語
基本会話

平見尚隆 著
Naotaka Hirami

Conversación
básica en español

［MP3 CD-ROM のデータ取り込み方法］については「ベレ出版」ホームページ内、『ストーリーで身につけるスペイン語基本会話』の詳細ページをご覧ください。
（URL は http://www.beret.co.jp/books/detail/596）

※ご注意ください！
＊付属のディスクは MP3 データ CD-ROM です。一般的な音声・音楽 CD（CD-DA）ではないので、MP3 未対応の CD プレイヤー等では再生できません。パソコンまたは MP3 対応のプレイヤーにて再生してください。
＊iPod 等の MP3 携帯プレイヤーへのファイル転送方法、パソコン、ソフトなどの操作方法については、メーカー等にお問い合わせいただくか、取扱説明書をご参照ください。

音声のダウンロード方法

付属の MP3 CD-ROM と同じ音声を、ホームページよりパソコンでダウンロードできます（スマートフォン、タブレットではダウンロードできません）。

1　「ベレ出版」ホームページ内、『ストーリーで身につけるスペイン語基本会話』の詳細ページにある「音声ダウンロード」ボタンをクリック。
　　（URL は http://www.beret.co.jp/books/detail/596）
2　8 ケタのコードを入力してダウンロード。
　　ダウンロードコード　q1yVpH21

はじめに

　本書はこれまでスペイン語はある程度勉強したが、なかなか会話のレベルまでは到達しないと感じられている方、勉強や仕事のためにスペイン語圏での生活を予定されている方、あるいはそれらを将来夢みている方を対象に、英語を思い出していただきながら、スペイン語のシーン別トレーニングができるようになっています。

　外国語をマスターするのは大変苦労するものです。外国に住めば自然と覚えるといった考え方もあるようですが、なかなかそう簡単ではないと聞きます。外国に住んでいても、日本語でのコミュニケーションが主体であれば、語学は身につきません。必要なのは、現地での色々な経験を通じてその言語を体得していくことです。知識をある程度身につけた上で、生活、仕事の場で使ってみればよいのです。これが、現地に住めば自然と覚えるという本当の意味だと思います。結局、その過程で行っていることは各人が遭遇する各シーンにおいて、そのシーンにあった的確な単語を用いた会話ではないでしょうか。空港で地上係員と政治・経済の話をする必要はありません。時間や場所の表現ができれば十分です。また、病院では体の部位と、痛いのか熱があるのかといった症状を伝えられれば十分です。別の言葉で言えば、各人が必要となりそうなシーンにおける会話を身につけておけばコミュニケーションが可能となるということです。

　さて、そんな外国語ですが、そのベースを学ぶ上で大切なのは、やはり単語と文法です。避けては通れません。我々日本人は中学校の時から、最近では小学校から英語を学びます。英語はゲルマン語系ですから、文法はドイツ語に似ています。ですから一般に、ドイツ語は第二外国語としてとっつきやすいといわれています。一方、スペイン語はそれと異なるラテン語系だから難しいのではないかと思いがちです。しかし、構える必要はありません。外国語を学ぶ際に常に頭に入れておけば気持ちが楽になるコツがあります。それは、「世界中の人は、多かれ少なかれ同じような事実や意見を色々なニュアンスで表現している」ということです。現在のことだけではなく、当然、過去や未来のことも我々と同じように話しますし、事実以外のたとえ話、仮定の話はもちろんのこと、同じ事実や意見を伝える際でも、感情をこめて話したい時もあるはずです。このような、想いを正確に伝えるため

に文法、すなわちルールがあります。ですから、日本語のこういう表現は外国語ではどう表すのかな、という気持ちで文法に接すればよいのです。もっと言えば、英語とどのように違うのかなという視点で考えれば、スーと頭に入ってきます。どの外国語の文法書も、目次を見ると同じような章立てになっているのはこのためです。

それでは、単語はどうでしょうか。英語はゲルマン語系の語彙をベースにラテン語系の単語を取り入れてきた歴史があります。ですから、単純な単語はドイツ語と似たものも多いようですが、覚えていく英単語の数も 1,000、2,000 と増えていくと、実はその約半数以上はラテン語系で占められてくるのです。いうまでもなく、スペイン語の単語はラテン語をベース（75% 程度）にしています。スペイン語の文法は英語とは生い立ちが違いますので、単純に英語の延長線とは言えませんが、こと単語となると英語からの類推が効くのです。特に、中学生そして高校生時代、一生懸命に覚えた少し難しめの英単語が威力を発揮してきます。そこで本書では、読者は高校まで英語を勉強されてきたものと想定し、物語の主人公のひとり言やコラムを通じ、英語との類似点や相違点を明確にすることで、スペイン語の特徴をつかんでいただけるよう配慮しています。

著者はベレ出版より既刊の『企業で必要な英語コミュニケーション力を身につける』で、外国語の習得には会話のある物語の内容を理解して、何度も繰り返して聞き、声に出して実際に発音することが大切、と提唱しています。本書は、このプロセスをスペイン語習得で実施できるように、メキシコでの生活の疑似体験という一貫したストーリーで会話を構成しています。

第 1 章では色々なシーンにおけるスペイン語会話をストーリー形式で紹介しています。日本の企業、岡野グループに勤める 20 代後半の阿部健悟（アベ ケンゴ）が初めてのメキシコへの海外赴任で遭遇する数々のシーンを取り上げます。前半は新生活に慣れるまでの期間です。後半では現地生活に慣れたケンゴが色々な活動を楽しんでいきます。

この章で、次の順でスペイン語のトレーニングをしてみてください。

1. 左頁にあるケンゴと相手との会話をスペイン語で読む。その際、併記されている英語から内容を予測してみる。

2. 右頁にある日本語訳と比べてみる。その際、ケンゴのひとり言を読み、このシーンでのスペイン語会話の特徴をつかむ。英語と日本語は、スペイン語の意図が伝わるように意訳されています。なお、ケンゴは日本で英語の教育を受け、一通りスペイン語の入門レベルの文法を習っていると想定しています。

3. 各シーンの内容理解が終わったら、CD-ROM の第 1 部を何度も聞いてスペイン語に慣れる。第 2 部ではケンゴになったつもりで、次から次に変わる相手と会話をします。ケンゴのパートの前に日本語での会話を、それに続き無音期間を設けていますので、その間に訳し実際に発音してみましょう。その後、CD-ROM のケンゴのパートを聞き確認します。キーワードが口から出るようになれば一歩前進です。

第 2 章ではストーリーに出てきた主要な単語をリストにしています。各単語にはその用法や関連語を理解できるように簡単な説明を加えています。単語の記憶の定着にご活用ください。

なお、色々なシーンでの会話で必要になる共通の単語は人称、時間そして空間を表す単語、数字です。これらは第 3 章にまとめてあるので必要に応じて参照してください。

次のステップは、この本を持って現実の世界へ出かけます。ある会話のシーンが予期されたら、この本を取り出し、キーワードと構文を再確認し、無理やりにでも実際に使ってみましょう。相手は笑顔で応えてくれるはずです。それでは、ケンゴと一緒にスペイン語のトレーニングを楽しみましょう。

なお、本書の物語はメキシコ合衆国グアナファト州サラマンカ市を舞台としておりますが、会社、組織、建物名及び登場人物等はフィクションであり、現存しないものも含まれております。また、執筆内容は所属企業・団体の見解ではなく、あくまで私個人のものであることを付記しておきます。

本書のスペイン語のラテンアメリカでの表現について、カルロス・E・バジェ・ガルシア先生、グアダルーペ・セロン・チャベス先生、マリア・D・ボラニョス・レジェス先生、マルタ・L・フローレス・ベラスケス先生、マルタ・フリア・ゴドイ先生、モニカ・アルバレスの諸先生方にお世話になりました。ここに感謝の意を表します。ありがとうございました。

Ante todo, quisiera agradecer a mis profesores de español quienes me enseñaron el español de América Latina: Carlos E. Valle García, Guadalupe Cerón Chávez, María D. Bolaños Reyes, Marta L. Flores Velásquez, Martha Julia Godoy y Mónica Álvarez.

また、本書付録 CD-ROM の会話収録に参加してくださったアリアドゥナ・オルティス・オチョーア、フェルナンダ・ディアス・サルガド、フランシスコ・ソト・バルガス、ハコブ・エスカミージャ・ゴンサレス、フアン・カルロス・エルナンデス、ルイス・カスタルディ・デュケ、マヌエル・レジェス・マンハレス、マリソル・サルガド・モンテス、ミゲル・ナバ、ネルダ・ガジャルド・グティエレス、ラファエル・ディアス・サルガド、ラウル・オルティス・ガルシアの皆さんにも感謝いたします。

También debo expresar mi sincero agradecimiento a los participantes de la grabación de la conversación para el CD-ROM que forma una parte importante de nuestro libro: Ariadna Ortiz Ochoa, Fernanda Díaz Salgado, Francisco Soto Vargas, Jacob Escamilla González, Juan Carlos Hernández, Luis Castaldi Duque, Manuel Reyes Manjarrez, Marisol Salgado Montes, Miguel Nava, Nelda Gallardo Gutiérrez, Rafael Díaz Salgado y Raúl Ortiz García.

そして、本書の草稿段階においてエウセビオ・アンさん、デブラ・スタンコさん、グアナファト大学のフアン・バルド・ロドリゲス・デ・ラ・ベガさんと広島大学スペイン語講師のサンティアゴ・フェラン先生に目を通していただきました。さらに京都外国語大学スペイン語学科講師の村上寿英先生には、ご多忙のなか、本原稿を繰り返しチェックしていただき、全面的な助言を賜りました。本書がスペイン語の自学習テキストとして完成に至ったのは、村上先生のお力に負うところが大きく、感謝の言葉もありません。また、同大学の立岩礼子教授には、本書の構想段階から、常に励ましのお言葉をいただきました。様々な局面でご協力いただきました皆様のご厚情に心から御礼を申し上げます。

Mi reconocimiento va también al Sr. Eusebio Ang, a la Sra. Debra Stanko, al

Sr. Juan Bardo Rodríguez de la Vega de la Universidad de Guanajuato y al profesor Santiago Ferrán de la Universidad de Hiroshima, quienes revisaron amablemente el borrador de este libro. Una mención especial se merece la profesora Toshie Murakami, de la Universidad de Estudios Extranjeros de Kioto, quien se encargó de revisar repetidamente el libro con sus sugerencias siempre acertadas y oportunas. Finalmente a la Dra. Reiko Tateiwa de la misma Universidad por sus consejos. No hubiera sido posible la publicación de este libro sin el apoyo de todas estas personas.

著者　平見尚隆
Naotaka Hirami, autor

もくじ

はじめに　3

ラテンアメリカのスペイン語を学ぶ意義　11

第1章　シーン別会話　13

生活立ち上げ編

① 国際空港に到着　14
  コラム1　México それとも Mexico?　18
  コラム2　ser 動詞と estar 動詞　20
  コラム3　二重否定？　21

② 国内線乗換　22
  コラム4　形容詞の語尾変化　28
  コラム5　スペイン語のハードル［1］主語の省略　29

③ 空港からホテルへ　30

④ ホテルに到着　36
  コラム6　男性名詞と女性名詞　44

⑤ ホテルからオフィスへ　46

⑥ オフィスにて　50

⑦ レストランにて　58
  コラム7　スペイン語の人称代名詞　68
  コラム8　スペイン語のハードル［2］代名詞の語順　72

⑧ オフィスへ戻って　74
  コラム9　店の名前　86

⑨ **自宅の確保** 88
　コラム 10　形容詞の位置　96
⑩ **携帯電話の購入** 98
⑪ **銀行口座の開設** 102
⑫ **家具の購入** 108
⑬ **日用品の購入** 114
⑭ **薬局にて** 130
　コラム 11　2つの過去形　136
⑮ **クリニックにて** 138
　コラム 12　スペイン語のハードル［3］接続法　146
　コラム 13　シンプルな返事あれこれ　149

生活エンジョイ編
⑯ **CD 購入** 152
⑰ **水泳** 158
⑱ **パーティー** 166
⑲ **映画** 176
　コラム 14　副詞を予測する　188
⑳ **日本食レストラン** 190
　コラム 15　「ポルケ」の使い方に注意　198
㉑ **サンタ・ロサ山脈** 200
　コラム 16　命令法　212
㉒ **ゴルダ山脈** 216
　コラム 17　感嘆文　232

㉓ **動物園** 234
　　コラム 18　英語の仮定法はスペイン語でどうなる？　246

㉔ **コンサート** 248

㉕ **カラオケ** 254

㉖ **お祭り** 262

㉗ **中南米への旅** 268

第 2 章　シーン別単語　307

第 3 章　会話の基礎となる単語　329

おわりに　341

参考文献　342

スペイン語単語索引　343

ラテンアメリカの スペイン語を学ぶ意義

　スペイン語を話す国をその国の人口で多い順にならべてみると、次のようになります。スペイン語の発祥の地であるスペインを除いてはその全てがラテンアメリカ諸国でメキシコが飛びぬけています。

人口［百万人］

国	人口
メキシコ	124
コロンビア	49
スペイン	47
アルゼンチン	42
ベネズエラ	31
ペルー	31
チリ	18
エクアドル	16
グアテマラ	16
キューバ	11
ボリビア	11
ドミニカ	11
ホンジュラス	8
パラグアイ	7
エルサルバドル	6
ニカラグア	6
コスタリカ	5
パナマ	4
ウルグアイ	3

＊　2012年時点の国連統計をベースに、人口が百万人以上の国を抜粋。著者作成

　日本で外国語といえばまず英語です。英語を話せば、日本人になじみ深い北米、ヨーロッパやアジアではかなりの割合でコミュニケーションが可能です。しかし、

昨今注目されているラテンアメリカ諸国では、ブラジルを除いてはそのほとんどがスペイン語圏であり、現地では英語でのコミュニケーションには限界があるようです。逆に言えば、スペイン語ができれば、ラテンアメリカ諸国でのコミュニケーションが可能となるわけです。

　近年、エコツーリズムという言葉の普及で有名になった魅力的な動植物や自然環境、音楽、ダンスそして飲食物に代表されるラテンアメリカ文化は日本でも報道されており、非常に興味深いものです。しかし、なぜか、それらはどこか別世界のもののようにも感じられます。スペイン語を操れるようになれば、現地の人と交流できるのはもちろんのこと、出版物やインターネット等を通じて入ってくる情報の理解が大幅に広がり、グッと身近に感じられるようになるはずです。

　「ところ変われば、品変わる」といいますが、言語の世界でも「ところ変われば、言葉変わる」といえます。英語はイギリスの言葉ですが、大西洋を渡り、アメリカで話されるようになると、発音、イントネーションなど「話し言葉」が変わってきたことは周知の事実です。ただ、文法は維持されており、「書き言葉」は原則同じです。原則というのは、手紙文などのスタイルや、単語のスペルが一部変わってきているからです。

　一方、スペイン語も大西洋を渡り、ラテンアメリカ諸国に土着化していきました。英語と同様、「話し言葉」は中南米の中でも多様化しています。「書き言葉」に関しては、英語と同様、文法は維持されているものの、単語や表現レベルでは、大きく変化しているのが特徴です。市販の辞書でも、［スペイン］、［ラ米］等と表示して、話されている国や地域を特定して説明しているケースを多く目にします。

　日本でスペイン語を習う場合、一般にスペインのスペイン語を学ぶケースが多いようです。このため中南米のスペイン語に接すると、単語や表現が異なることに戸惑うケースもあるようです。本書は、メキシコを中心とするラテンアメリカが舞台ですので、原則<u>メキシコで話されているスペイン語</u>が使用されています。本書の主人公である阿部健悟は、日本でスペインのスペイン語を学んでいますので、メキシコのスペイン語に触れて戸惑っています。ケンゴのひとり言にそれが表れていますので注意して読み進めていってください。

第1章
シーン別会話

・生活立ち上げ編
　(シーン 1 － シーン 15)

・生活エンジョイ編
　(シーン 16 － シーン 27)

生活立ち上げ編

シーン1　国際空港に到着
Llegada al aeropuerto internacional

1—入国管理局にて　En la inmigración

Agente: ¡Bienvenido a México! ¿Cómo está?
Welcome to Mexico!
How are you?

Kengo: Estoy bien. Gracias.
I'm fine. Thank you.

Agente: ¿De dónde viene usted?
Where are you from?

Kengo: Yo soy de Japón.
I'm from Japan.

Agente: ¿Cuál es el motivo de su visita a este país?
What is the purpose of your visit to this country?

Kengo: Es por negocios.
It's for business.

Agente: ¿Dónde va a alojarse?
Where are you going to stay?

Kengo: Yo voy a alojarme en el hotel Aliana en Salamanca.
I'm going to stay at the Aliana Hotel in Salamanca.

14

生活立ち上げ編 ① 国際空港に到着

入国審査官｛ ようこそメキシコへ！ お元気ですか？

ようやくメキシコに到着だ。私が男だから入国審査官は bienvenido〈男性形〉を使ったな。そして初対面なのでフォーマルに、usted を使って '¿Cómo está?' と聞いている。ここはお決まりの表現で答えておこう。

ケンゴ｛ どうも。ありがとうございます。

入国審査官｛ どちらから来られましたか？

de dónde は from where、viene は英語の come にあたる動詞 venir「来る」の usted の活用形だ。「日本人です」と答えれば OK だな。「日本人です」という表現は、英語の be 動詞に相当する動詞 ser を用いればよかった。estar は使えなかったな。

ケンゴ｛ 日本からです。

入国審査官｛ この国へのあなたの訪問の目的は何ですか？

cuál は英語の which だった。motivo は英語の「動機」や「目的」を表す motive に似ているな。visita も英語の visit「訪問」とほぼ同じだ。訪問の目的が何かと聞いているな。

ケンゴ｛ ビジネスです。

入国審査官｛ どちらにお泊りですか？

alojarse は「宿泊」を表す alojamiento の再帰動詞形だ。どこに泊まるか聞いているな。確か、サラマンカのアリアナホテルだった。

ケンゴ｛ サラマンカのアリアナホテルに泊まります。

15

Agente: **Bienvenido.**
Que tenga buen viaje.

Welcome.
I hope that you have a nice trip.

2—税関にて　En la aduana

Aduanero: **El formato de declaración de la aduana, por favor.**

Customs declaration form, please.

Kengo: **Aquí está.**

Here it is.

Aduanero: **¿Tiene usted algo que necesite declarar?**

Do you have anything to declare?

Kengo: **No, yo no tengo nada.**

No. I don't have anything else to declare.

3—税関を通り抜けて　Después de la aduana

Kengo: **Yo quiero transbordar al vuelo nacional.**

I would like to transfer to a domestic flight.

Agente: **¿Puedo ver su boleto?**
Suba usted la escalera automática y a la derecha.

Can I see your ticket?
Go up the escalator and turn to the right.

入国審査官: ようこそ。
良い旅をお続けください。

まいった。いきなり、tener の接続法現在形 tenga だ。buen viaje と言っているから、良い旅をということだろう。ということは、入国審査 OK だな。これで、第一関門突破だ。

税関係員: 税関申告書をお願いします。

次の関門は税関だ。formato は英語の format に近いな。declaración も英語の「申告」に当たる declaration に近い。「税関申告書を提出してください」ということだな。

ケンゴ: ここにあります。

税関係員: 何か申告をする必要のあるものをお持ちですか？

algo は英語の something。necesite は動詞 necesitar の活用形で英語の necesary に近いので「必要」という意味だろう。declarar は declaración の動詞形のはずだ。「申告の必要なものがあるか」と聞いているようだ。「ない」と答えれば良いはずだ。二重否定形（no + 否定形）を使って「全くない」と答えよう。

ケンゴ: いいえ、何も持っていません。

国内線へ乗り換えなくては。あそこに立っている係員に聞いてみよう。

ケンゴ: 国内線に乗り換えたいのですが。

空港職員: チケットを拝見できますか？
そのエスカレーターを上られて、右側へお進みください。

escalera は英語の escalator に近いな。automática と言っているので、「自動で動く階段」といった意味だろう。a la derecha は「右」で、a la izquierda は「左」だったな。だから、エスカレーターを上って右だ。

生活立ち上げ編

① 国際空港に到着

17

コラム 1
México それとも Mexico？

　英語に比べるとスペイン語のアクセントの規則は簡単です。原則として以下のようになります。

1. 母音または n、s で終わる語は、最後から 2 番目の音節*にアクセントがある。
　　　　　　　　　＊音節とは母音単独、あるいは子音と一緒に作る音の単位
　　isla（島）⇨ **is**-la　　examen（試験）⇨ e-**xa**-men

2. n、s 以外の子音で終わる語は、最後の音節にアクセントがある。
　　profesor（教師）⇨ pro-fe-**sor**　　universidad（大学）⇨ u-ni-ver-si-**dad**

3. 1 と 2 の規則に当てはまらない語はアクセント記号（´）がつく。
　　teléfono（電話）⇨ te-**lé**-fo-no　　vacación（休暇）⇨ va-ca-**ción**

　スペイン語ではメキシコの国名を México と書きます。Mexico は誤りです。México という、e の音にアクセント記号（é）があるつづりは上記の規則 3. によるものです。例外で「メヒコ」と発音し、**メ**を強く読むからです。México は母音 -o で終わる語です。アクセント記号をつけずに Mexico とすると、上記の規則 1. に従い「メ**ヒ**コ」という発音となり、通常のアクセントと異なってしまいます。このためアクセント記号をつけてアクセントの位置を示しているのです。ですから、メキシコでアクセント記号なしの Mexico を見かけた場合は英語表記と判断できます。この場合、英語ですから「メキシコ」と発音します。
　日本の国名 Japón も同様です。通常「ハ**ポン**」と発音しますが、アクセント記号をつけずに Japon と書くと誤りで、上記の規則 1. に従い「**ハ**ポン」という発音になってしまいます。

　英語にはスペイン語のような規則はなく、単語ごとに覚えるしかありませんでした。スペイン語は規則を守りさえすればアクセントを間違えずに発音できます。

　さて、スペイン語のアクセント記号は不規則なアクセントの位置を示しましたが、発音には関係のないアクセント記号も存在します。これは主に語の種類を区

別するために用いられています。以下に主な例を示します。

- él（主格人称代名詞：「彼」）
- el（定冠詞男性形）

- mí（前置詞格人称代名詞：「私」）
- mi（所有形容詞：「私の」）

- tú（主格人称代名詞：「君」）
- tu（所有形容詞：「君の」）

- té（名詞：「お茶」）
- te（直接・間接目的格人称代名詞：「君を」、「君に」、2人称再帰代名詞）

- sí（副詞：「はい〈yes〉」、前置詞格人称代名詞：「彼/彼女/それ自身」）
- si（接続詞：「もし」）

- sé（動詞saberの直説法1人称単数現在形：「知る」、動詞serの2人称単数命令形）
- se（3人称再帰代名詞、3人称間接目的格人称代名詞）

- ó（接続詞：「または」アラビア数字ゼロとの区別、例えば20 ó 30 peso）
- o（接続詞：「または」）

　また、疑問詞には必ずアクセント記号がつきます。シーン1冒頭の¿Cómo está? の cómo や ¿De dónde viene usted? の dónde などはその例です。

コラム1　México それとも Mexico？

コラム 2
ser 動詞と estar 動詞

　シーン 1 の空港でのケンゴと入国審査官との会話の英語訳を見てみましょう。be 動詞の are、am、is が頻繁に使われています。英語を習いたての頃、この be 動詞が奇異なものに感じられたのではないでしょうか。日本語であれば「…です」という意味になります。構文「A は B である（A=B）」は be 動詞を用いて〈A + be 動詞 + B〉と習いました。しかし、よく考えてみると A=B といっても、本質的（essential）に A=B というケースもありますし、たまたま今 A は一時的に B の状態（state）にあるというケースも考えられます。

　日本語や英語ではこれらを区別しませんが、スペイン語では厳密に区別し、それぞれを ser と estar という動詞で表現します。英語の essential と state から類推できますね。

　シーン 1 の冒頭でケンゴが「日本から来た」と言うとき、出身地のことを話しています。出身地は本質的に変わることがないので

　　　Yo **soy** de Japón.

と ser 動詞を用いています（英語では **I'm** from Japan. と be 動詞の am を使っています）。一方、¿Cómo está? と尋ねられ、ケンゴは

　　　Estoy bien.

と estar 動詞で返事をしています（英語では **I'm** fine. とやはり be 動詞の am を使っています）。健康状態は日々変わります。すなわち、一時的な状態ですので estar 動詞を用いるのです。

　なお、estar は特定の人や物の所在「ある / いる」を表すときにも用いられます。例えばシーン 6-2 の

　　　Su oficina está en el tercer piso.
　　　　（あなたのオフィスは 3 階にあります。）

がこれにあたります。これは、本質的、一時的という概念とは少し異なる用法ですので、混同しないよう注意が必要です。

コラム 3
二重否定？

　英語の授業では、二重否定（…しないわけではない）は肯定の意味になるが、誤解を招くといけないのであまり使わないほうが良いと教わりました。例えば

　　　I do **not** think that he will **not** come to the party.

という文は、「彼はパーティーに来ないとは思わない。」つまり、「彼はパーティーに来ると思う。」という意味でした。しかし、わかりにくいため避けたほうが無難です。

　スペイン語ではこの「二重の否定」の形をよく使います。ただし〈否定＋否定⇒肯定〉となる英語の二重否定とは用法が異なります。シーン１-２で、「税関に申告する必要のあるものをお持ちですか？」と聞かれたケンゴが

　　　No, yo **no** tengo **nada**.
　　　（いいえ、何も持っていません。）

と答えていました。否定の no と nada（「何も…ない」、英語の nothing に相当）が用いられ、いわゆる二重否定の形になっています。通常の二重否定であれば、意味は「何も持っていないわけではない⇒持っている〈肯定〉」になるはずですが、ケンゴの答えは「何も持っていない」で否定のままです。文の最後にくる否定 nada は先の no を打ち消すのではなく no tengo（持っていない）を強調しているともいえます。よく似たものに次のような例があります。

　　　Yo **no** tomo **ninguna** clase de alcohol.
　　　（どんな種類のアルコールも一切飲みません。）

　　　No mientas **nunca**.
　　　（決して嘘をつくな。）

シーン2 国内線乗換
Transbordo a línea local

1—搭乗口にて   En la sala

Kengo: ¿Va a salir el vuelo a tiempo?
Is the flight on time?

Agente: Todavía no está listo. Está demorado.
It's not ready yet. It's been delayed.

Kengo: ¿Cuánto tiempo tardará?
How long will it take?

Agente: Llegará en unos 30 minutos.
It will arrive in about 30 minutes.

***

Agente: Ahora está listo. Pueden subir.
Now we're ready. You may begin boarding.

2—機内にて   Durante el vuelo

Kengo: ¿Mi asiento, por favor?
My seat, please.

22

搭乗のアナウンスがない… 発着状況案内モニターには、サラマンカ行きのフライトはこの搭乗口と出ていたが、遅れているのかな。係員に聞いてみよう。

ケンゴ ┤ フライトは時間通りですか？

グランド
スタッフ ┤ まだ準備ができておりません。遅れております。

todavía と言ったな、これは英語の yet の意味だから「まだ」ということだ。listo は ready「準備が整った」と smart「賢い」という 2 つの意味があったから、ここでは準備ができていないということだな。発着状況案内モニターにも demorado と出ている。わかった、これは「遅れがでている」という意味か。どれくらい遅れるのか聞いてみよう。el vuelo を主語として話そう。

ケンゴ ┤ どれくらい時間がかかりますか？

グランド
スタッフ ┤ 約 30 分後に到着します。

unos と言ったな。「1 つ」を表す uno〈男性形〉の複数形だ。後に数詞が続いた場合は「約」という意味になるはずだ。およそ 30 分遅れて到着か。仕方ないな。

***

グランド
スタッフ ┤ ただいま、準備ができました。ご搭乗ください。

ahora は「いま」、listo はここでは「準備が整った」という意味だった。pueden は動詞 poder「…できる」の ustedes の活用形、乗客全員に対して言っているな。subir は「登る、上がる」という意味の動詞だったが、飛行機に乗り込むという意味だろう。ようやく出発だ。

私の座席はどこかな。通路側のはずだが。まずは聞いてみよう。場所を聞くときは座席番号や名前を伝え、英語の please に当たる por favor を付け加えれば教えてくれるはずだ。

ケンゴ ┤ すみません、私の席はどこでしょうか？

Azafata: Asiento número 25C... Aquí está.

Seat number 25C... Here it is.

***

Azafata: Abróchense el cinturón de seguridad. Estamos saliendo.

Please fasten your seat belt. We are taking off.

***

Azafata: ¿Qué le gustaría tomar?

What would you like to drink?

Kengo: Un café, por favor.

Coffee, please.

Kengo: Café solo.

Just black.

***

Piloto: Hemos empezado a descender al Aeropuerto Internacional de Guanajuato.

We have started our descent into Guanajuato International Airport.

***

客室乗務員：25C ですね… ここです。

ああ、ここか。

***

客室乗務員：シートベルトをお締めください。出発いたします。

cinturón はベルトのことだ。seguridad は英語の security「安全」に近いかな。abróchense は難しい単語だな。まあ、シートベルトを締めてくださいということだろう。

***

客室乗務員：お飲み物は何がよろしいですか？

gustaría は英語の like「好き」にあたる動詞 gustar の usted の過去未来形だ。過去から見た未来を表すときに使う活用形で、時制の一致等で使われる。単独で用いられたときは、婉曲表現で丁寧な言い方になるんだったな。英語の what に相当する qué と言っているので、何が好みかと聞いている。tomar は英語の take の意味だ。ワゴンには多くの飲み物があるので、何が飲みたいのか聞いているな。コーヒーにしよう。por favor をつけないと横柄に思われるので注意しよう。

ケンゴ：コーヒーをお願いします。

客室乗務員が砂糖を準備し始めた。ブラックコーヒーで良いと言おう。ブラックコーヒーは solo、それだけで「混ざり気のない」という意味だった。ウイスキーのストレート等にも使えたな。または negro「黒色」でも良かった。

ケンゴ：ブラックで結構です。

***

パイロット：グアナファト空港へ向けて下降を開始しました。

empezado は動詞 empezar の過去分詞で、「始める」という意味だったな。「始める」には empezar と comenzar の 2 つがあった。この人は empezar を使ったな。よしよし。descender は英語の descend「降りる・下る」に似ている。aeropuerto は言わずと知れた airport「空港」のこと。サラマンカ空港に向けて下降し始めたな。
〔着陸〕
無事着陸、良かった。あれ？隣の人が携帯電話を使い始めたぞ。良いのかな。思い切って聞いてやれ。一般に許されているのかと聞くには '¿Se permite + 動詞の原形 ...?' という便利な表現があった。これを使おう。

***

Kengo: ¿Se permite usar el celular?

May we use cell phones?

Viajero: Últimamente está permitido después del aterrizaje.

Lately it is allowed to use them after landing.

3—機外にて   Fuera del avión

Kengo: ¿Dónde está la entrada de las llegadas nacionales?

Where is the entrance to the domestic arrivals?

Agente: Allá está la indicación.

There is a sign over there.

***

Kengo: ¿Dónde puedo recoger mi equipaje?

Where can I pick up my baggage?

Agente: ¿Viene de la ciudad de México? Banda número 1.

Did you come from Mexico City?
Carousel number 1.

ケンゴ 「携帯電話を使っても良いのですか？

旅行者 「最近、着陸後は許されるようになったのですよ。

へえ、どうやら最近、着陸後は許されているようだ。知らなかった。

やっと着いた。さてさて、国内線の到着口はどこかな。あそこの係員に聞いてみよう。「どこですか」は '¿Dónde está...?' で始めれば良かったはずだ。

ケンゴ 「国内線到着への入り口はどこですか？

職員 「あそこに掲示板がありますよ。

allá は「あそこ」、la indicación は英語の sign のことだから「掲示板があそこにある」と言っているな。どこで預けた荷物を受け取るのだろう。ついでに聞いてやれ。「（預けたものを）引き取る」という意味の動詞は recoger だった。再び取ることだから、re- がついていたはずだ。coger という動詞は中南米ではタブーだと聞いているので、間違えないようにしよう。

＊＊＊

ケンゴ 「どこで荷物を受け取ることができますか？

職員 「メキシコシティからお出でですね？ 1番のコンベアです。

なぜ、メキシコシティから来たとわかったのだろう。この時間帯の到着便数が限られているから覚えているのかな。
banda は「バンド」、すなわち帯状のものだから「ベルトコンベアー」のことだ。よし、行ってみよう。

コラム 4
形容詞の語尾変化

　形容詞の語尾変化について見てみましょう。英語の場合、動詞は主語や時制によって変化しました。名詞も単数と複数で変化しました。しかし、形容詞は変化しませんでした。例えば pretty woman が複数になった場合、pretty wom**e**n となるだけでした。
　スペイン語の形容詞は修飾する名詞の性・数によって次のように変化します。

1. 語尾が -o で終わるもの ⇨ 性・数で -o、-a、-os、-as に変化。

    男性　　el cuadro bonit**o**　　　（美しい絵画）
    女性　　la mujer bonit**a**　　　（美しい女性）
    複数　　los cuadros bonit**os**
    　　　　las mujeres bonit**as**

2. 語尾が -o 以外の母音で終わるもの ⇨ 男女同形。複数形には -s を付加。

    男性　　el avión grande　　　（大きな飛行機）
    女性　　la casa grande　　　（大きな家）
    複数　　los aviones grande**s**、las casas grande**s**

3. 語尾が子音で終わるもの ⇨ 男女同形。複数形には -es を付加。

    男性　　el avión azul　　　（青色の飛行機）
    女性　　la casa azul　　　（青色の家）
    複数　　los aviones azul**es**、las casas azul**es**

　このように、スペイン語では形容詞も語尾変化するのです。例えば、シーン 1-3 で出てきた「エスカレーター」escalera automática は escaler**a** が女性名詞ですので、形容詞 automático「自動の」の語尾が変化しています。慣れるまでは難しく感じられますが、韻を踏んだ表現は聞いていて、耳に心地よいものです。

コラム 5
スペイン語のハードル［1］主語の省略

　スペイン語を習い始めてしばらくたつと、語順や動詞の活用を多少間違えても自分の言いたいことは伝わるようになります。それは、自分が身につけた語彙を駆使して何とか話そうとするからです。動詞の活用がわからずに原形に主語をつけて話しても、相手がネイティブであればほぼ100％通じます。例えば、「私は今日仕事があります。君もありますか？」と言いたいとき、正しくは

　　　Yo trabajo hoy. ¿Tú trabajas, también?

と言うべきところです。これを

　　　Yo trabajar hoy. ¿Tú trabajar, también?

と誤って動詞を活用させなくても、言いたいことは伝わります。

　英語と違いスペイン語では通常、ネイティブは主語を省略して話します。上記の例では

　　　Trabajo hoy. ¿Trabajas, también?

となります。スペイン語の動詞は主語によって語形変化するため、主語を省略しても動詞の形で主語がわかるからです。ですから、活用がわからなければ瞬時に意味がとれないことになります。根気よく学習を続け、動詞の活用を覚えていくことが必要です。

　シーン1-1の冒頭でケンゴが入国審査官に対して

　　　Estoy bien.

と返事をしています。この時にもyoを省略しています。お気づきになりましたか。

　この主語の省略が、英語を学んだときと異なる第1のハードルです。このハードルを越えると、日常のことについては何とかコミュニケーションが取れるようになります。

 **シーン3　空港からホテルへ**
Del aeropuerto al hotel

1—ツーリスト・インフォメーションにて　En la información turística

Kengo: **Quiero ir al hotel Aliana en taxi.**

I want to go to the Aliana Hotel by taxi.

Agente: **Pregunte en esa ventanilla.**

Ask at that window.

2—タクシー会社の窓口にて
En la ventanilla de taxis

Kengo: **¡Hola! ¿Cuánto cobra al hotel Aliana en la ciudad?**

Hello! How much is it to get to the Aliana Hotel in the city?

Agente: **Serían cuatrocientos cincuenta pesos. Un momento, por favor.**

That would be four hundred and fifty pesos. One moment, please.

Agente: **Sí, son cuatrocientos cincuenta pesos.**

Yes, it is four hundred and fifty pesos.

Kengo: **Sí, uno por favor. ¿Puedo pagar con tarjeta?**

Yes, one, please. Can I pay by card?

30

やっと出られた。タクシーはどこだ。あそこにツーリスト・インフォメーションがあるぞ。聞いてみよう。意思表示の仕方は quiero で始めればよかった。

ケンゴ: タクシーでアリアナホテルまで行きたいのですが。

職員: その窓口でお聞きください。

pregunte の原形は preguntar だったはずだ。pregunta の活用語尾 -a が -e に変わっているから接続法だ。また、文頭に持ってきているから、usted に対する命令形だな。ventanilla は「窓」の意味の ventana の縮小辞だ。「小さい窓」だから、「窓口」だ。

まずは、挨拶から。値段を聞くときは、'¿Cuánto es...?' あるいは '¿Cuánto cobra...?' で始めれば良かった。

ケンゴ: こんにちは。市内のアリアナホテルまでおいくらですか？

職員: 450 ペソだと思いますが。すみません、少々お待ちください。

un momento と言ったから、自信がないのだな。調べ始めたぞ。

職員: はい、450 ペソです。

やはり 450 ペソか。少し高い気もするが安全第一だから、流しのタクシーに乗らないでここで頼もう。カードは使えるかな。

ケンゴ: はい、1 台お願いします。支払いはカードでできますか？

Agente: **¿Débito o crédito?**
Debit or credit?

Kengo: **De crédito.**
Credit.

Agente: **Aquí tiene el tíquet. Déselo al taxista.**
Here is the ticket. Give it to the driver.

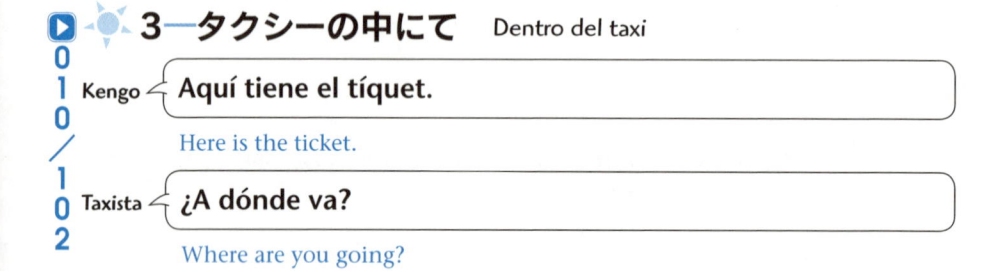

3—タクシーの中にて　　Dentro del taxi

Kengo: **Aquí tiene el tíquet.**
Here is the ticket.

Taxista: **¿A dónde va?**
Where are you going?

Kengo: **Al hotel Aliana, por favor.**
To the Aliana Hotel, please.

***

Taxista: **¿De dónde es usted, de China?**
Where are you from, China?

Kengo: **No, soy de Japón.**
No, I'm from Japan.

職員 ┤ デビットカードですか、それともクレジットカードですか？

 「クレジットカード」と答えたい。英語では credit card の card を省略し、credit と答えれば良かった。スペイン語では tarjeta de crédito だから、de をつけて 'De crédito.' と答えよう。

ケンゴ ┤ クレジットカードです。

職員 ┤ こちらがチケットです。タクシーの運転手にそれを渡してください。

 運転手さんに渡せばいいのだな。これなら、街中で財布からお金を出さなくて良いので安心だ。

 まずはチケットを渡そう。物を渡すときは 'Aquí está.' あるいは、フォーマルに usted を使うときは 'Aquí tiene.' と言い、その後に渡す物の名前を付け足せば良かった。

ケンゴ ┤ こちらがチケットです。

タクシー
ドライバー ┤ どちらへお出でですか？

 a dónde は英語で言うと、to where だ。va は動詞 ir「行く」の usted の活用形だ。a dónde と聞かれたのだから、a の後に目的地の名前を言って、por favor を付け加えれば十分だ。〈a + el + hotel〉は縮約されるから、al hotel と言えば良いはず。

ケンゴ ┤ アリアナホテルまでお願いします。

***

タクシー
ドライバー ┤ どちらから来られましたか？中国ですか？

 中国人に間違えられたぞ。中南米ではアジア人を見ると chino「中国人」と呼ぶと聞いていたが、やはりそうだ。その昔、日本人が白人を見るとアメリカ人だと思った事と同じらしい。はっきり、日本人と言っておこう。

ケンゴ ┤ いいえ、私は日本人です。

Taxista: Perdón.
Me han dicho que Japón es un bonito país, ¿verdad?

Excuse me.
I have heard that Japan is a beautiful country. Is that true?

Kengo: Sí, es muy bonito.

Yes, it's very beautiful.

***

Taxista: Nos estamos acercando al hotel.
Llegamos.

We are approaching to the hotel.
Here we are.

***

Kengo: ¿Está incluida la propina?

Is a tip included?

Taxista: Sí, no se preocupe usted.

Yes, don´t worry.

Kengo: Gracias, adiós.

Thank you, goodbye.

| タクシー
ドライバー | 失礼しました。
日本は美しい国だと聞いていますが、本当ですか？ |

me が文頭にきている。スペイン語の特徴だ。この me は主語ではなく、動詞 decir の現在完了形 han dicho の間接目的語だ。que 以下のことを「私に言った」ということだな。動詞が3人称複数形なのは主語を特定していないからだ。テレビかラジオ、あるいは誰か知り合いから聞いたのだろう。
un bonito país は「美しい国」という意味だ。スペイン語では一般に形容詞は名詞の後ろに置くと習ったが、英語と同じように前から修飾することもあるんだな。簡単に、「美しい」と答えておこう。国の特徴だから動詞 ser を使って。

| ケンゴ | はい、非常に美しいです。 |

***

| タクシー
ドライバー | ホテルに近づいてきました。
到着です。 |

どうやら着いたようだ。乗る時に支払ったチケット代にはチップが入っていたかな。わからないから聞いてみよう。主語は la propina で女性名詞だから、「含まれている」を表す動詞 incluir の過去分詞形 incluido は incluida となる。

***

| ケンゴ | チップは含まれていますか？ |

| タクシー
ドライバー | はい、お気になさらないでください。 |

聞いてよかった。含まれていたのだ。これで、後ろめたさを感じることなく降りられる。

| ケンゴ | ありがとうございました。さようなら。 |

シーン 4 ホテルに到着
Llegada al hotel

1—ホテル前とフロントにて
En frente y en la recepción del hotel

Kengo: Señor, por favor. ¿Puede ayudarme?
Excuse me, please. Can you give me a hand?

Botones: Voy a esperar aquí mientras se registra usted.
I'll wait here while you check in.

***

Recepcionista: Bienvenido. ¿Su nombre, por favor?
Welcome. Could I have your name, please?

Kengo: Me llamo Kengo Abe. "Abe" es mi apellido.
My name is Kengo Abe. Abe is my last name.

Recepcionista: Sr. Abe, bienvenido. Por una semana, ¿verdad?
Mr. Abe, welcome. For one week, right?

Kengo: Sí.
Yes.

Recepcionista: ¿Va a pagar con tarjeta de crédito o en efectivo?
Are you going to pay with a credit card or cash?

Kengo: Tarjeta de crédito. Aquí tiene.
Credit card. Here you are.

荷物を運ばないと。あそこにいるホテルのボーイさんに頼もう。

ケンゴ: ボーイさん、お願いします。手を貸していただけますか？

ボーイ: チェックインをされている間、ここでお待ちしております。

チェックインの間、待っていると言っているが大丈夫かな。まあ、制服を着ているから大丈夫だろう。任せよう。

***

フロント係員: ようこそ。お名前を教えていただけますか？

日本人の名前は姓名の区別がわからないだろうから、アベが姓だと言ってあげよう。

ケンゴ: アベ ケンゴと申します。「アベ」が姓です。

フロント係員: アベ様、ようこそいらっしゃいました。1週間のご滞在ですね？

この por は期間を表す前置詞だ。「1週間のご滞在ですね？」と、付加疑問文 '¿verdad?' を使って聞いているな。

ケンゴ: はい。

フロント係員: クレジットカードでのお支払いですか、それとも現金ですか？

tarjeta は「カード」、efectivo は「現金」。どちらかと聞いているんだな。

ケンゴ: クレジットカードです。ここにあります。

Recepcionista: **¿Cerramos la cuenta ahora o la dejamos abierta?**
Would you like to settle the account now or keep it open?

Kengo: **Déjela abierta, por favor.**
Keep it open, please.

Recepcionista: **Su firma, por favor. Cuando se vaya, lo rompemos.**
Sign here, please. When you leave, we'll destroy it.

Recepcionista: **Aquí tiene su llave, habitación 301.**
Here is your key, room number 301.

Botones: **Voy a llevar su equipaje a la habitación.**
I will take your baggage to the room.

Kengo: **Gracias.**
Thank you.

2—客室にて   En la habitación

Kengo: **¿Hay pantuflas en la habitación?**
Are there slippers in the room?

Botones: **¿Necesita pantuflas?**
Do you need slippers?

| フロント係員 | 会計を今締めますか、それともオープンにしておきますか？ |

cuenta は「会計」、cerramos は「締める」、dejamos は英語の leave で「そのままにしておく」、abierta は「オープン」。今会計を締めるか、カードの情報を渡して値段は空欄にしておくのかと聞いているようだ。レストランなどの費用も一緒にカードで支払いたいから abierta にしておこう。空欄は少し心配だけど、このホテルならば大丈夫だろう。

| ケンゴ | オープンでお願いします。 |

| フロント係員 | お客様のサインをお願いします。それはご出発の時に破棄します。 |

se vaya は再帰動詞 irse の接続法の活用形だったはず。rompemos の原形は romper「壊す」、恋人同士が別れる時にも使う言葉だった。「(愛が) 壊れる」という意味だった。チェックアウトの時、破棄すると言っているようだ。

| フロント係員 | 鍵をどうぞ。301号室です。 |

客室のことは「アビタション」ではなく、はっきり「アビタシオン」と発音するのだな。覚えておこう。

| ボーイ | お荷物をお部屋までお持ちします。 |

部屋まで運んでくれるようだ。このスーツケースは重たいから、頼んでしまおう。チップを用意しておかなくては。

| ケンゴ | ありがとうございます。 |

なかなか良い部屋だ。あ、そうだ。スリッパを持ってくるのを忘れていた。「スリッパ」はパントゥフラス (pantuflas) だ。

| ケンゴ | 部屋にスリッパは備え付けてありますか？ |

| ボーイ | スリッパをご入り用ですか？ |

この国では、あまりスリッパは使わないのかな。部屋にはないようだ。

生活立ち上げ編 ④ ホテルに到着

Kengo: **Sí, por favor.**

Yes, please.

Botones: **Las traemos en seguida.
¿Algo más?**

I will bring them right away.
Anything else?

Kengo: **Nada más, gracias.**

Nothing else, thank you.

Botones: **Bienvenido, que descanse.**

Welcome, have a good rest.

3—電話での会話 Conversación por el teléfono

Recepcionista: **Buenas noches, recepción. Le atiende Nelda.
¿En qué puedo ayudarle?**

Good evening, reception. My name is Nelda.
How can I help you?

Kengo: **Sí, ¿puede despertarme, por favor?**

Yes, can you give me a wake-up call, please?

Recepcionista: **¿A qué hora?**

At what time?

Kengo: **A las 6:30 am, por favor.**

At 6:30 am, please.

ケンゴ / はい、お願いします。

ボーイ / すぐにお持ちします。
ほかに何かございますか？

> en seguida はよく聞く言い回しだ。「すぐに」ということだった。
> algo は something/anything のこと、「他になにかないか」と聞いているな。Nothing else. に相当する nada más と答えておこう。

ケンゴ / もう他にはありません。ありがとう。

ボーイ / ようこそいらっしゃいました。ゆっくりお休みください。

> descanse は休むということだが、どうして que をつけているのだろう。前にもどこかで聞いたぞ。まあ、いいか。

> 目覚まし時計はあるが、時差もあることだし、モーニングコールを頼んでおこう。

フロント係員 / こんばんは、受付です。ネルダと申します。
ご用件は何でしょうか？

> 「起こして欲しい」と頼むには動詞 poder の依頼表現を使おう。疑問文 '¿Poder + 動詞の原形?' を用いて、動詞 despertar「目覚めさせる」を使えば良い。「私を」目覚めさせてくれるように頼むのだから me（直接目的格人称代名詞）を動詞の原形の後ろにつけよう。英語の please に相当する、por favor を加えると丁寧だ。

ケンゴ / はい、モーニングコールをお願いします。

フロント係員 / 何時ですか？

> 時間を言うときも、por favor をつけて丁寧に。

ケンゴ / 朝の6時30分にお願いします。

生活立ち上げ編 ④ ホテルに到着

Recepcionista: Confirmo. A las seis treinta de la mañana, ¿correcto?

Let me confirm. At six thirty in the morning, correct?

Kengo: Sí.

Yes.

Recepcionista: Con mucho gusto. Que descanse, Sr. Abe.

My pleasure. Have a good night, Mr. Abe.

フロント係員: ご確認します。朝の6時30分ですね？

de la mañana と言ったな。朝の6:30か夕方の6:30か、はっきりしておかないといけないからだろうな。ホテルにはいろんな人が泊まるからね。

ケンゴ: はい。

フロント係員: かしこまりました。ゆっくりお休みください、アベ様。

また、que をつけたな。メモしておこう。

コラム 6
男性名詞と女性名詞

　ヨーロッパ言語の中には名詞に男性、女性、なかには中性の区別のある言語があり、私たちの頭を悩ませます。英語でも、例えば ship を女性を表す代名詞 she や her で受けますが、このようなものは多くはありません。

　スペイン語は男性名詞と女性名詞があります。一般に、-o で終わるものは男性名詞、-a で終わるものは女性名詞といわれています。例外もありますが、以下に説明するような、単語の語尾で男性名詞と女性名詞を見分ける方法を目安にすれば、日常生活であまり迷うことはありません。

男性名詞

-ma ： el clima（気候）　　el problema（問題）　　el programa（プログラム）
　　　el tema（テーマ）

-r 　： el amor（愛）　　el sabor（味）　　el tenedor（フォーク）
　　　⇒日常よく使われる la flor（花）は例外です。

-l 　： el papel（紙）　　el sol（太陽）
　　　⇒日常よく使われる la miel（蜂蜜）、la piel（皮）、la sal（塩）は例外です。

-e 　： el café（コーヒー）　　el chocolate（チョコレート）　　el dulce（菓子）
　　　el hombre（男性）
　　　⇒日常よく使われる la calle（通り）、la clase（授業）、la leche（ミルク）、la noche（夜）、la nube（雲）、la tarde（午後）は例外です。

-o 　： el carro（車）　　el cielo（空）　　el hermano（兄・弟）　　el pájaro（鳥）
　　　⇒日常よく使われる la mano（手）、la foto（写真）は例外です。

-n 　： el tren（列車）　　el camión（トラック）　　el pan（パン）
　　　el camarón（エビ）　　el fin（終わり）

女性名詞

-ción ： la canción（歌）　la emoción（感情）　la estación（駅、季節）

-sión ： la conclusión（結論）　la decisión（決断）　la impresión（印象）
　　　la pasión（情熱）

-umbre ： la costumbre（習慣）la cumbre（山頂）la lumbre（火）

-dad 　： la ciudad（都市）la electricidad（電気）la velocidad（速度）
　　　　　la universidad（大学）

-a 　　： la casa（家）la cama（ベッド）la lámpara（電灯）la mentira（嘘）
　　　　　⇒アクセントのある a / ha で始まる女性単数名詞には男性定冠詞の el を用います。
　　　　　： el agua（水）　el área（地域）　el hacha（斧）

　人名も原則このルールに従っています。例えば、本書に登場する Diana や Ana のように女性名は -a で終わるケースが多く、男性と女性で最後の 1 文字のみ違うケースもよく目にします。Mario（男性）／ María（女性）、Fernando（男性）／ Fernanda（女性）等はその典型的な例です。日本人の女性の名前で Hiroko、Kazuko のように子（ko）で終わる名前は、スペイン語のネイティブからは男性の名前に見えるようです。著者の名前は Naotaka ですが、男性ですので、Naotako の間違いではないかと言われたこともあります。スペイン語のネイティブとの付き合いでは注意したいポイントです。

　なお、名詞の複数形を作るには、語末が母音なら -s、子音なら -es、z なら z を c に変えて -es をつけます。英語では、-s や -es をつける規則変化の他、語尾の不規則な変化（child ⇨ children）、語中の変化（man ⇨ men）、語そのものの変化（person ⇨ people）や無変化（carp ⇨ carp）など色々なケースがありました。英語に比べるとスペイン語はかなり単純です。

〈名詞の複数形の作り方〉
1. 母音で終わる語は -s をつける
　： pájaro**s**（鳥）　maleta**s**（スーツケース）

2. 子音で終わる語は -es をつける
　： hotel**es**（ホテル）　tren**es**（列車）

3. z で終わる語は z を c に変えて -es をつける
　： vez ⇨ ve**ces**（回）　maíz ⇨ maí**ces**（トウモロコシ）

コラム6　男性名詞と女性名詞

シーン 5 ホテルからオフィスへ
Del hotel a la oficina

1—ホテルのフロントにて　En la recepción del hotel

Kengo: Disculpe. ¿Qué hora es?

Excuse me, what time is it?

Recepcionista: Son las ocho y diez.

It is eight ten.

Kengo: Tengo una cita a las ocho aquí, pero todavía no ha llegado.

We've made an appointment to meet here at eight o'clock; but, he hasn't arrived yet.

Recepcionista: ¿Puedo ayudarlo?

Can I help you?

Kengo: No, gracias. Voy a esperarlo un rato.

No, thank you. I'm going to wait for him a bit.

***

Edgar: Disculpe. ¿Es usted Kengo Abe?

Excuse me, are you Kengo Abe?

Kengo: Sí, ¿es Edgar Fernández?

Yes, are you Edgar Fernández?

生活立ち上げ編 ⑤ ホテルからオフィスへ

　　　　　なかなか、迎えが来ない。8時に来る約束になっているのだが…。時計が合っていないのかな。聞いてみよう。

ケンゴ　すみません。何時ですか？

フロント係員　8時10分です。

　　　　　8時10分か。合っている。少しはやいてみるか。「約束」は cita だ。「まだ」は todavía を使えば良かった。

ケンゴ　ここで8時に待ち合わせたのですが、まだ来ません。

フロント係員　何かお手伝いしましょうか？

　　　　　ayudar と言っているから、「何かお手伝いしましょうか？」と聞いているようだ。もう少し待ってみよう。

ケンゴ　いいえ、結構です。もう少し、待ってみます。

***

エドガル　すみません。アベ ケンゴさんですか？

　　　　　この人が迎えかな？確か、「エドガル・フェルナンデス」という名前のはずだ。聞いてみよう。

ケンゴ　はい、エドガル・フェルナンデスさんですか？

Edgar: **Sí, disculpe la tardanza.
Había mucho tráfico.
¡Vamos a la oficina!**

Yes, sorry about the delay.
There was a lot of traffic.
Let´s go to the office!

2―オフィスの入り口にて   En la entrada a la oficina

015/107

Portero: **Buenos días, bienvenido.**

Good morning, welcome.

Kengo: **Gracias.**

Thanks.

生活立ち上げ編 ⑤ ホテルからオフィスへ

エドガル: はい、遅くなって申し訳ありません。
道路が混んでいたので。
事務所へ行きましょう！

交通渋滞か。メキシコは車社会だから、この時間帯はそうかもしれないな。

守衛: おはようございます、ようこそ。

守衛さんも愛想がいいな。

ケンゴ: ありがとう。

49

シーン 6 オフィスにて
En la oficina

1—役員室にて   Dentro de la oficina del director

Edgar:
Permítame presentarle al director.
Sr. Abe, el señor Ortiz.
Sr. Ortiz, el señor Kengo Abe.

Allow me to introduce you to the director.
Mr. Abe, this is Mr. Ortiz.
Mr. Ortiz, this is Mr. Kengo Abe.

Sr. Ortiz:
Bienvenido, Sr. Abe. ¿Cuándo llegó usted?

Welcome, Mr. Abe. When did you arrive?

Kengo:
Gracias, mucho gusto.
Llegué ayer.

Thank you. How do you do?
I arrived yesterday.

Sr. Ortiz:
Oh... debe de estar cansado.

Oh... you must be tired.

Sr. Ortiz:
Vamos a comer juntos esta tarde... a la una y media. ¿Está bien?

Let's eat together this afternoon... at one thirty. OK?

Kengo:
Con mucho gusto. ¡Hasta pronto!

My pleasure. I'll see you soon.

生活立ち上げ編 ⑥ オフィスにて

まずは、役員のオルティスさんに挨拶だ。

エドガル：ディレクターに紹介させてください。
アベさん、こちらがオルティスさんです。
オルティスさん、こちらがアベ ケンゴさんです。

señor Ortiz と紹介すると思っていたが、el señor Ortiz と言ったな。人を紹介するときには、姓に定冠詞を付けるのか。英語で言うと、the Mr. Ortiz といった具合だ。英語の感覚では違和感があるが、こんな言い方〈定冠詞＋敬称＋姓〉をするのだな。ただし、呼びかけには定冠詞はつけないな。

オルティスさん：ようこそ、アベさん。いつ到着されましたか？

ケンゴ：ありがとうございます。はじめまして。
昨日、到着しました。

オルティスさん：それは、お疲れになっているでしょう。

〈deber de＋動詞の原形〉は「…に違いない」という意味だった。英語では〈must＋動詞の原形〉で表した。must には「…に違いない」という意味の他に「…しなければならない」という意味があるので、文脈で判断する必要があったな。しかし、スペイン語の「…しなければならない」は〈deber＋動詞の原形〉となり、de がつかないので見分けやすい。

オルティスさん：午後…1時半に、一緒にお食事をしましょう。
いかがですか？

何か誘われたり、頼まれたりした場合に「喜んで」と返事をするときの決まり表現は 'Con mucho gusto.' 'Claro que sí.' とか 'Cómo no.' などがあったな。ここでは、オーソドックスに答えておこう。

ケンゴ：喜んで。では、後ほど。

2—廊下にて　En el pasillo

Edgar: Su oficina está en el tercer piso... piso tres. ¡Vamos!

Your office is on the third floor... floor three. Let's go!

Kengo: Sí, cómo no.

Sure, why not.

3—ケンゴのオフィスにて　En la oficina de Kengo

Edgar: Esta es su oficina.
Ella es Ana, su asistente.

This is your office.
This is Ana, your assistant.

Ana: Mucho gusto, Sr. Abe.

Nice to meet you, Mr. Abe.

Kengo: Mucho gusto, Ana.

Nice to meet you too, Ana.

Edgar: Aquí tiene su computadora.

Here is your computer.

Edgar: El ratón y el teclado son inalámbricos.

The mouse and keyboard are wireless.

エドガル：あなたのオフィスは3階にあります… 3階です。
参りましょうか。

私のオフィスはどうやら3階のようだ。きょとんとしているとtercer pisoをpiso tresと言い換えてくれたのでわかった。日本人には序数より基数のほうがわかりやすい。各階はpiso dos、piso tres、piso cuatroなどと呼ぶ方が楽だ。よし、行ってみよう。

ケンゴ：はい、そうしましょう。

エドガル：これがあなたのオフィスです。
こちらがあなたのアシスタントのアナです。

アナ：はじめまして、アベさん。

ケンゴ：はじめまして、アナさん。

感じの良い人だな。助かった。さて、これがデスクか。

エドガル：ここにあなたのコンピュータがあります。

「コンピュータ」はordenadorと習ったが、メキシコではcomputadoraというのか。英語に近いから、わかりやすいな。

エドガル：**マウスとキーボードは無線です。**

ratónは「ネズミ」のはず。あ、マウスのことか。「キーボード」はテクラード (teclado) と呼ぶらしい。英語と同じ「キーボード」でも良さそうなものだが…。マウスにもキーボードにもケーブルがついていない。inalámbricoは「無線」のことのようだ。「ドンブリ」の響きに似ているぞ。面白い単語だな。

生活立ち上げ編 ⑥ オフィスにて

53

Edgar: Tenemos el sistema de wifi.
La red es "okanomexico1" y la clave es "nueve, ocho, siete, seis".
Es fácil de conectarse.

We have a wifi system.
The network signal is "okanomexico1" and the password is "nine, eight, seven, six".
It's easy to connect.

Edgar: Aquí tiene su teléfono y su número de extensión es "uno, cero, tres".

Here is your telephone and your extension number is "one, zero, three".

Edgar: Mi extensión es "dos, cuatro, cinco".
Si tiene algún problema, puede llamarme.

My extension is "two, four, five".
If you have any problem, you can call me.

Kengo: Sí, muy amable.
Seguro que le voy a llamar.

That's very kind of you.
I'm sure I'll be calling you.

Edgar: Tenemos la junta a las nueve y media.
Todas las personas de la oficina van a asistir.
Voy a presentarlo en la junta.

We have a meeting at nine thirty.
All of the office staff will be there.
I'll introduce you in the meeting.

Kengo: Está bien, gracias.

OK, thank you.

エドガル：wifi のシステムを持っています。
ネットワークの信号名は「okanomexico1」でパスワードは「9876」です。
接続は簡単です。

> wifi の設定だ。これなら日本と同じなのでわかるぞ。

エドガル：ここにあなたの電話があります。そして、あなたの内線番号は 103 です。

> 「内線」は「エクステンシオン（extensión）」と発音するのか。これも英語読みの「エクステンション」とは異なる。良く似ているので注意しよう。

エドガル：私の内線番号は 245 です。
何か問題があれば、電話してください。

> エドガルの内線は 245 だ。覚えておこう。親切にされたときは amable という単語を使って、お礼を言うと良いと習ったな。

ケンゴ：はい、ご親切に。
きっと電話をすると思います。

エドガル：ミーティングが 9 時半にあります。
オフィスの人全員が出席します。
そのミーティングで、あなたを紹介します。

> オフィスの全体ミーティングで紹介してくれるようだ。スペイン語で挨拶か…。ところで「全員」というときは toda la persona のすべての単語が複数に変化して、todas las personas になるのか。そういえば todo el día は「一日中」の意味だった。複数形 todos los días は「毎日」という意味になったな。

ケンゴ：わかりました。ありがとうございます。

生活立ち上げ編 ⑥ オフィスにて

4 ― ミーティングにて　En la junta

Edgar:
Hoy tenemos un nuevo compañero en la empresa.
Se llama Kengo Abe.
Él es de la casa matriz de Japón.
Él estará a cargo del departamento de compras.
Bienvenido, Sr. Abe.

Today, we have a new colleague.
His name is Kengo Abe.
He is from our parent company in Japan.
He'll be in charge of the purchasing department.
Welcome, Mr. Abe.

Kengo:
Gracias, Edgar.
Soy Kengo Abe de Hiroshima y vengo del grupo Okano.
Encantado de conocerlos.

Thank you, Edgar.
I'm Kengo Abe from Hiroshima and work for Okano Group.
I am pleased to meet you all.

エドガル　本日は、我々の新しい同僚がおいでです。
アベ ケンゴさんです。
日本の本社の方です。
彼は購買部を担当されます。
よくいらっしゃいました、アベさん。

「本社（あるいは親会社）」は la casa matriz というのか。
まずは紹介してくれたエドガルに感謝して、簡単に自己紹介しておこう。

ケンゴ　ありがとう、エドガル。
広島出身のアベ ケンゴです。岡野グループからやってきました。
みなさんにお会いできて嬉しいです。

シーン 7 レストランにて
En el restaurante

1 — テーブルについて　En la mesa

Sr. Ortiz: Sr. Abe, me dijo que había llegado ayer, ¿verdad?

Mr. Abe, you told me that you had arrived yesterday. Is that correct?

Kengo: Así es.

That's right.

Sr. Ortiz: ¿Cuántas horas se tarda de Japón a México?

How long does it take from Japan to Mexico?

Kengo: Casi trece horas.

About thirteen hours.

Sr. Ortiz: ¡Muchas horas!
Debe de estar cansado.

A lot of hours!
You must be tired.

Kengo: Sí, estoy un poco cansado.

Yes, I'm a little bit tired.

Sr. Ortiz: Disculpe, mesero.

Excuse me, waiter?

7 レストランにて

オルティスさん: アベさん、昨日到着されたと聞きましたが、そうですか？

dijo は動詞 decir の点過去形だから、que 以下が時制の一致を受けた。ha llegado という現在完了形の時制が一つ過去に遡り、haber の線過去形の había を使っている。have が had に変化する英語と同じ考え方だ。時制を間違えずに話している。さすがネイティブだ。

ケンゴ: そうです。

オルティスさん: 日本からメキシコへのフライトはどれくらいかかりますか。

se tarda は再帰動詞 tardarse の 3 人称単数現在形、「（一般的に）時間がかかる」という意味だ。この単語はよく出てくるな。英語では 'It takes thirteen hours.' のように、〈it takes〉の用法を使ったが、スペイン語ではこの表現だ。

ケンゴ: およそ 13 時間です。

オルティスさん: なんて時間がかかるのでしょう！
それは、お疲れでしょう。

ケンゴ: はい、少し疲れています。

オルティスさん: すみません、ウェイターさん。

Mesero: Bienvenidos. ¿Desean algo de tomar?

Welcome, anything to drink?

Sr. Ortiz: Para mí, una limonada, por favor.

For me, lemonade, please.

Mesero: ¿Y a usted?

And you sir?

Kengo: Para mí, agua con gas, por favor.

For me, water with gas, please.

Mesero: Agua mineral, ¿verdad?

Agua Mineral, right?

Sr. Ortiz: Nosotros llamamos el agua con gas "agua mineral".
El agua sin gas es "agua pura".
Hay que saber utilizarlas.

Here, we call carbonated water "agua mineral".
Still water is called "agua pura".
These terms would be helpful.

Kengo: No lo sabía.
Sí, quiero agua mineral sin hielo, por favor.

I didn't know that.
Yes, I would like "agua mineral" without ice, please.

Mesero: ¿Qué les gustaría comer?

What would you like to eat?

| ウェイター | ようこそいらっしゃいました。お飲み物は何をお持ちしましょうか？ |

ウェイターさんが desean と話しかけてきた。動詞 desear の 3 人称複数 ustedes の現在形だ。僕たち 2 人への問いかけだな。英語の something to drink は algo de tomar か。

| オルティスさん | 私はレモネードをお願いします。 |

| ウェイター | お客様は？ |

オルティスさんと同じように 'Para mí' から始めよう。外国では生水にあたるといけないからいつも炭酸水だ。これなら間違いなく工場で造られているからね。ガス入りの水と答えよう。

| ケンゴ | 私はガス入りの水をお願いします。 |

| ウェイター | アグア・ミネラルですね？ |

| オルティスさん | この国では、ガス入りの水は「アグア・ミネラル」と呼んで、ガスなしの水は「アグア・プラ」と呼ぶんですよ。
これらの単語を覚えておかれると良いですよ。 |

そうか、いちいち con gas とか sin gas と言わなくても、agua mineral、agua pura で良いのか。それにしても、日本ではミネラルウォーターは普通ガス抜きなので厄介だな。「知らなかった」と言う時は動詞 saber の線過去形を使えば良かった。

| ケンゴ | それは知りませんでした。
はい、アグア・ミネラルを氷なしでお願いします。 |

氷にも気をつけないと。生水の氷だと困るからね。常に、sin hielo だ。

| ウェイター | みなさん、何をお召し上がりになりますか？ |

'Qué les gustaría...?' と聞いたな。過去未来形を使った丁寧な表現だ。やはり、ウェイターさんは丁寧な言葉を使うな。

生活立ち上げ編 ⑦ レストランにて

Sr. Ortiz: **Kengo. ¿Quiere comer algo especial de México?**
Kengo, would you like to eat a Mexican specialty?

Kengo: **Sí, ¿qué me recomienda?**
Yes, what do you recommend?

Sr. Ortiz: **Le recomendaría "arrachera" si le gusta la carne de res.**
I would recommend "arrachera" if you like beef.

Kengo: **¿De qué parte de la res es?**
What part of the cow is it from?

Sr. Ortiz: **Es el diafragma de la res. Muy sabroso.**
It's the diaphragm. Very tasty.

Kengo: **Voy a probarlo.**
I'll try it.

2—メインディッシュの後で Después del tiempo del platillo principal

Mesero: **¿Fue de su agrado la comida?**
Did you like the food?

Sr. Ortiz: **Sí, gracias. Estuvo muy buena.**
Yes, thank you. It was very good.

生活立ち上げ編 ⑦ レストランにて

オルティスさん: ケンゴ、メキシコ特有の料理はいかがですか？

提案を聞いてみよう。

ケンゴ: はい、何がお勧めでしょうか？

オルティスさん: もし、ビーフがお好きでしたら「アラチェラ」をお勧めしますよ。

le recomendaría の le は間接目的語 a usted を人称代名詞で表したもの。間接目的格人称代名詞は活用した動詞の直前に置くという厄介なルールがあった。スペイン語の特徴だな。私に勧めてくれているとよくわかる。勧めているもの、すなわち直接目的語は動詞の後の arrachera だ。何だろう。la carne de res と言っているから、牛肉の一部だと思うが…。聞いてみよう。

ケンゴ: どの部位の肉ですか？

オルティスさん: 牛の横隔膜です。非常に美味しいですよ。

diafragma de la res と言ったので「牛の横隔膜」？ 焼き肉店で食べるハラミのことか。美味しそうだな。頼んでみよう。

ケンゴ: 試してみます。

ウェイター: 料理はいかがでしたか？

オルティスさん: はい、ありがとうございます。非常に美味しかったです。

主語は女性名詞の comida だから、bueno ではなく buena と言ったな。

63

Mesero: **¿Quisieran ustedes un postre?**
Would you like dessert?

Sr. Ortiz: **¿Qué nos ofrece?**
What do you have?

Mesero: **Tenemos flan, gelatina y pastel.**
We have custard pudding, gelatin and cake.

Sr. Ortiz: **¿Qué tipo de pastel tiene hoy?**
What kind of cake do you have today?

Mesero: **Tenemos pastel de chocolate y queso.**
We have chocolate cake and cheese cake.

Sr. Ortiz: **De queso, por favor.**
Kengo, ¿cuál quiere?
Cheese cake, please.
Kengo, which one would you like?

Kengo: **Un café sería suficiente ya que estoy satisfecho.**
Just coffee, I'm full.

3―デザートの後で   Después del tiempo del postre

Sr. Ortiz: **Disculpe, la cuenta, por favor.**
Excuse me, the check, please.

Mesero: **En seguida.**
Right away.

***

| ウェイター | みなさん、デザートはいかがなさいますか？ |

> quisieran は動詞 querer の 3 人称複数の接続法過去形だ。婉曲表現で丁寧だ。やはり、ウェイターさんは丁寧な言葉を使うな。

| オルティスさん | 何がありますか？ |

| ウェイター | プリン、ゼリー、そしてケーキがあります。 |

| オルティスさん | 今日はどんな種類のケーキがありますか？ |

| ウェイター | チョコレートケーキとチーズケーキです。 |

| オルティスさん | チーズケーキをお願いします。
ケンゴさんはどれがいいですか？ |

> コーヒーくらいは入るかな。理由を表すには porque のほかに ya que があったな。

| ケンゴ | もうお腹いっぱいですので、コーヒーで十分です。 |

| オルティスさん | すみません、お勘定をお願いします。 |

| ウェイター | すぐに参ります。 |

***

生活立ち上げ編 ⑦ レストランにて

Mesero: Aquí está, señor.

Here you are, sir.

Sr. Ortiz: Voy a pagar con tarjeta.
Agregue el diez por ciento de propina.

I'm going to pay with a credit card.
Add 10% tip.

Mesero: Muy amable.

That's very kind of you.

Kengo: Sr. Ortiz, gracias por invitarme.
Me gustó mucho la carne.

Mr. Ortiz, thank you for inviting me.
I enjoyed the meat very much.

Sr. Ortiz: De nada. Vamos a regresar a la oficina.

You're welcome. Let's go back to the office.

Kengo: Por supuesto.

Of course.

ウェイター	こちらです、どうぞ。

オルティスさん	カードでの支払いをお願いします。 10%のチップを入れておいてください。

> チップをカード支払いの中に入れるときは、事前にはっきり何%か言えばよいのだな。

ウェイター	それはご親切に。

> 支払ってくれたのでお礼を述べておこう。

ケンゴ	オルティスさん、お食事に誘っていただきどうもありがとうございました。 お肉、とてもおいしかったです。

オルティスさん	どういたしまして。オフィスに戻りましょう。

> もちろん、まだ午後の仕事が残っているからね。

ケンゴ	はい。

生活立ち上げ編 ⑦ レストランにて

コラム 7
スペイン語の人称代名詞

　スペイン語にある程度慣れても、人称に対応する目的格代名詞の選択には苦労することが多いように思います。まずは、目的語についての復習です。英語で習った5文型のうち、第4文型（主語＋動詞＋間接目的語＋直接目的語）を思い出してみましょう。
　　　　　　　　　　　　　S　　V　　　O　　　　O

・直接目的語
　「…を」の部分：動作の直接的な対象となる人や物のこと。
・間接目的語
　「…に」の部分：動作によって恩恵や被害を受ける人や物のこと。

　例えば

　　I gave him a present.
　　S　V　　O　　O
　　（私は彼にプレゼントをあげました。）

では、「あげる」という動作の直接的な対象物は「プレゼント」であり、この「あげる」という動作によって恩恵を受けるのは「彼」なので、「プレゼント」が直接目的語で、「彼」が間接目的語でした。目的格人称代名詞とは、この目的語となる代名詞のことです。

〈英語の目的格人称代名詞〉

	単数形		複数形	
1人称	I	me	we	us
2人称	you	you	you	you
3人称	he she it	him her it	they	them

　英語の場合、直接目的格と間接目的格の代名詞の形に区別がありませんので、特にその違いを意識していませんでした。スペイン語の代名詞にも直接目的格と間接目的格があります。しかしスペイン語の場合は、これらの代名詞の形を区別します。さらに英語にはない、gustar 構文（主語後置文）の目的格代名詞や再帰

動詞に使う再帰代名詞もあります。このためスペイン語の代名詞の用法は英語よりも複雑に見えます。

〈スペイン語の人称代名詞〉 前置詞格（mí、ti…）は除く

	単数形				複数形			
	主格	間接目的格（…に）	直接目的格（…を）	再帰代名詞	主格[*5]	間接目的格（…に）	直接目的格（…を）	再帰代名詞
1人称	yo	me	me	me	nosotros nosotras	nos	nos	nos
2人称	tú	te	te	te	vosotros[*6] vosotras	os	os	os
3人称	usted él ella	le (se)[*3]	lo (le)[*1] la	se	ustedes ellos ellas	les (se)[*4]	los (les)[*2] las	se

[*1],[*2] 原則 lo/los だが、スペインでは人（男性）の場合 le/les が使われることもある。事物の場合、男女混合なら男性形を用いる。
[*3],[*4] 3人称で〈間接目的格＋直接目的格〉の語順の場合、間接目的格が se に変わる。
[*5] 主格の場合、複数形で男女混合のときは男性形を用いる。
[*6] ラ米では2人称複数形 vosotros / vosotras は使用しない。ustedes を用いる。

　実は1人称と2人称の目的格はどのケースも同じです。変化があるのは3人称の場合のみです。

　それではスペイン語の代名詞がどのように使われるのかを見てみましょう。スペイン語の代名詞は原則、活用した動詞の前に置かれます（コラム8参照）。

1. 直接目的格

　　¿Conoces a Antonio? － Sí, **lo** (**le**) conozco.
　　（アントニオを知っていますか？－はい、**彼を**知っています。）

アントニオは人で男性なので lo を用います。直接目的語が人で男性の場合は le または les を用いることもあります。

2. 間接目的格

　　¿**Me** pasa la sal, por favor?
　　（**私に**塩を取ってもらえますか？）

「私に」は間接目的格を使用します。

¿**Le** envías el libro a Juan?
（フアンにその本を送るの？）

Sí, **le lo** envío. ⇨　Sí, ***se* lo** envío.
　　　×
（はい、**彼にそれを**送ります。）

「彼に」+「それを」のように目的格代名詞が続く場合です。語順は〈間接目的格（…に）+ 直接目的格（…を）〉で代名詞は活用した動詞の前に置きます。また、目的格代名詞が 2 つとも 3 人称の場合には間接目的格代名詞に注意が必要です。例文の場合は「le lo」の語順になるわけですが、「レロ」の音が発音しづらいため、間接目的格代名詞が se に変わります。

3. gustar 構文（主語後置文）

　主語後置文とは〈目的語＋動詞＋主語〉の形をとる構文です。動詞 gustar（好きだ）を用いるときは〈間接目的語＋動詞＋主語〉の語順となり、主語を動詞の後に置きます*。英語と比べてみましょう。

I like music.
主語　動詞　　目的語
（私は音楽が好きだ。）

Me gusta *la música*.
間接目的語　動詞　　　主語
（音楽が私に気にいっている。⇨　私は音楽が好きだ。）

　シーン 7 - 3 のレストランの食事のデザートの後で、ケンゴが「お肉、とてもおいしかったです。」と言うのにこの構文を使っていましたね。

Me gustó mucho *la carne*.
間接目的語　動詞　　　　　主語
（お肉が私にとても気にいった。⇨　私はお肉がとてもおいしかった。）

＊動詞 gustar と同じ構文の動詞に encantar（大好きだ）、interesar（興味がある）、doler（痛い）などがあります。

4．再帰動詞

　再帰動詞とは「…自身を・…自身に」を意味する再帰代名詞（英語の…self）といつも一緒に用いられる動詞です。他動詞に再帰代名詞（me、te、se、nos、os、se）をつけて自動詞化する動詞で、原形は levantarse (levantar「起こす」+ se「…自身を」⇨「起きる」)、llamarse (llamar「呼ぶ」+ se「…自身を」⇨「…という名前である」) のような形をとります。

　シーン6-4のミーティングでエドガルが「アベケンゴさんです。」という時にこの llamarse を使っていましたね。

　　Se llama Kengo Abe.
　　（**彼自身を**アベケンゴと**呼びます**。⇨ 彼はアベケンゴという名前です。）

　シーン4-1のホテルのチェックインではケンゴが自分の名前を名乗るのに使っていました。

　　Me llamo Kengo Abe.
　　（**私自身を**アベケンゴと**呼びます**。⇨ 私はアベケンゴと申します。）

コラム7　スペイン語の人称代名詞

コラム 8
スペイン語のハードル［2］代名詞の語順

　ある会社の受付で伝言を頼んだ時のことです。「アントニオ・ラミレス氏に伝言をお願いします。」と言って受付でメモを渡しました。

　　　¿Podría dar este mensaje al Sr. Antonio Ramírez?
　　　（アントニオ・ラミレス氏にこのメモを渡していただけますか？）

と言うと、メモを受け取った担当者は

　　　Se lo doy a Antonio.
　　　（アントニオにそれを渡しておきます。）

と答えました。英語では次のようになります。

　　　I give it to him; to Antonio.

　英語の語順に慣れている私たちは英語の it に相当する、3 人称単数の直接目的格代名詞である lo が動詞 doy の後ろに来ると考えがちですが、これは誤りです。

　［誤］Doy **lo** a Antonio.

　スペイン語では代名詞 lo を、活用した動詞の前に置くのが正解です。そこで冒頭の受付担当者の答えのようになるわけです。ただし、代名詞を使わずに名詞を使う場合は次のようになります。

　　　Doy **el mensaje** a Antonio.

　すなわち、動詞の目的語が名詞なのか、代名詞なのかによって語順が変わってくるのです。会話では代名詞が何を指しているのかつかむことが大切ですが、英語の語順と違うので、慣れないと相手が何について話しているのかさっぱりわかりません。この克服が第 2 のハードルです。

　なお、動詞の原形の目的語となる場合、目的格人称代名詞を動詞の原形に後続させることができます。

　　　Lo quiero comprar. = Quiero comprar**lo**. （私はそれを買いたい。）

　代名詞を活用した動詞の前に置くという語順は直接目的語だけでなく、間接目的語にもあてはまります。例えば

Le doy el mensaje.（彼に伝言を渡す。）
I give him the message.

という文です。英語の間接目的格代名詞 him に相当する le が動詞 doy の前に置かれています。英語の語順に従えば次のようになりますが、これも誤りです。

［誤］Doy **le** el mensaje.

なお、スペイン語ではこの le が具体的に誰なのかをはっきりさせるために a Antonio を付け加えることができます。

Le doy el mensaje **a Antonio**.（アントニオに伝言を渡します。）

文中に同じ目的語が 2 つ存在するという、英語にない決まりです。英語におきかえれば

［誤］I give **him** the message **to Antonio**.

となり、誤りであることが一目瞭然ですが、スペイン語ではこれが許されています。

さて、直接目的語と間接目的語が 2 つとも代名詞になる場合はどうでしょうか。「彼に それを渡します。」という文で考えてみましょう。英語では 2 つとも代名詞になる場合、次のようになります。

I give it to him.

スペイン語の代名詞は〈間接目的語＋直接目的語〉の語順になります。ただし、コラム 7 でふれていますが、次の例は誤りです。

［誤］**Le lo** doy.

目的格代名詞が 2 つとも 3 人称の場合の「le lo」は間接目的格代名詞 le が se に変わります。

Se **lo** doy.

なお、se に変わるのは 3 人称の間接目的格代名詞 le、les の場合のみです。me、te、nos、os は se には変わりません。

Me lo das.（私にそれをくれます。）
Te lo doy.（君にそれを渡します。）

シーン 8 オフィスへ戻って
Regresar a la oficina

1 ― トイレを探す   Busca del baño

Kengo: Disculpe, ¿dónde está el baño?

Excuse me, where is the bath room?

Ana: Saliendo de la oficina, al fondo, a la izquierda.
Dice "Hombres" en la puerta.

Go out of the office, go straight to the end, and to the left.
It says "Men" on the door.

Kengo: Gracias.

Thank you.

2 ― トイレ内にて   En el baño

Edgar: ¿Cómo estás, Kengo?

How are you, Kengo?

Kengo: Estoy bien.
¿Y tú?

I'm fine.
And you?

74

> トイレは servicio と習ったが、メキシコでは baño と呼んでいたな。英語の bathroom に近いな。トイレがあるという前提で、どこにあるかを質問するときは、定冠詞 el を使って el baño、動詞は estar だ。

ケンゴ: すみません、トイレはどこですか？

アナ: オフィスを出て、つきあたりを左です。
扉に「男性」と書いてあります。

> Hombres/Mujeres「男性用/女性用」か。レストランやホテルでは Caballero(s)/Dama(s)「紳士用/婦人用」と書かれているな。

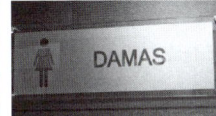

ケンゴ: ありがとう。

エドガル: 調子はどう、ケンゴ？

> エドガルとは親しくなったから usted をやめて、tú で話しかけてきたな。よし、こちらからも tú を使おう。

ケンゴ: いいよ。
君はどう？

Edgar — **Yo también, muy bien, gracias.
¿Hay un problema?**

I'm fine too, thank you.
Is there a problem?

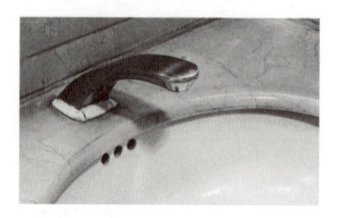

Kengo — **Tengo una pregunta.
Quiero lavarme las manos, pero no puedo abrir este grifo.
Pensé que la llave abriría automáticamente.**

I have a question.
I want to wash my hands, but I can't open the faucet.
I thought the fauset would open automatically.

Edgar — **Aquí dice "presione" aunque no se ve bien.
Las letras tendrían que ser más grandes.**

Here it says "push" although it is not seen very well.
The letters should be bigger.

Kengo — **¿Cómo se usa esta máquina?**

How is this appliance used?

Edgar — **Pon las manos abajo de la máquina, y encenderá automáticamente.**

Put your hands under it, and it will turn on automatically.

エドガル：僕もだよ、ありがとう。
どうかした？

蛇口がないから自動かな。手を洗うときは自分の身に対して動作を起こすので再帰動詞を使わなくては。再帰動詞は英語の〈get + 動詞の過去分詞形〉と考えれば良かった。この場合は wash my hands を get my hands washed と考えて、lavarse las manos を使おう。

ケンゴ：質問があるんだけど。
手を洗いたいんだけど、この蛇口が開かないんだ。
自動で開くと思ったのに。

エドガル：よく見えないけど、ここに「押す」と書いてあるよ。
文字はもっと大きく書くべきだろうね。

本当だ、小さく書いてある。やっと水が出た。
tener que は英語の have to のことだ。
さてさて、この機械は何？

ケンゴ：この機械はどのように使うの？

エドガル：その機械の下に手をかざしてみて。そうすると、自動的にスイッチが入るよ。

日本にもある乾燥機か。日本ではまだまだハンカチを使う人が多い。乾燥機はしっかり乾くが、時間がかかるからね。
日本ではハンカチを持ち歩くことが習慣であることを話してみよう。「習慣」は costumbre。-umbre で終わる単語は女性名詞だった。不定冠詞は una だ。

Kengo: **Gracias, entiendo. Pero los japoneses normalmente llevamos un pañuelo para secarnos las manos. Es una costumbre.**

Thanks, I understand. Japanese usually carry a handkerchief to dry our hands.
It's a custom.

Edgar: **Es una buena costumbre.
No todas las personas lo llevan en México.**

It is a good custom.
Not everyone carries one in Mexico.

Kengo: **Por eso ustedes tienen las máquinas en casi todos los baños.**

That's why you have the machine in almost every bathroom.

Edgar: **Sí. Entonces, regresemos al trabajo.**

Yes, now, let's return to work.

Kengo: **Claro.**

Of course.

▶ ☀ 3—オフィスの備品の確認　Revisión del equipo de la oficina

025/117

Kengo: **¿Cómo se enciende este monitor?**

How can we turn on this monitor?

Ana: **¿Se refiere a esta pantalla?**

Are you talking about this monitor?

78

ケンゴ／わかったよ、ありがとう。でも日本人は普通、手を拭くためにハンカチを持ち歩いているんだ。
習慣なんだ。

エドガル／良い習慣だね。
メキシコでは全員が持ち歩くわけではないから。

英語でも〈not + 全体の概念を表す単語（all, always…）〉で部分否定だった。
そうだ！ こちらでは握手する機会も多いので、しっかり乾かしておかないと。乾燥機を使うのはそのせいもあるのかも。

ケンゴ／それだからほとんどのトイレにこの機械があるんだね。

エドガル／そうだね。じゃ、仕事に戻ろうか。

ケンゴ／そうしよう。

さて、パソコンの準備をしよう。モニターのスイッチはどこだ。

ケンゴ／このモニターはどのようにしてスイッチを入れますか？

アナ／このパンタジャのことをおっしゃっていますか？

「モニター」はパンタジャ（pantalla）というのか。

Kengo: Sí.
Yes.

Ana: El botón está escondido atrás de la pantalla.
The switch is hidden behind the monitor.

Kengo: ¿Cuántos gigabytes de memoria tiene este ordenador?
How many gigabytes of memory does this computer have?

Ana: Esta computadora tiene un disco duro de quinientos gigabytes, y tiene cuatro gigabyte RAM.
This computer has a hard disk of 500 GB and a RAM of 4 gigabytes.

Kengo: Está muy bien. Creo que me funcionará.
That's very good. I think it will work.

Ana: Aquí está la impresora.
Funciona también como escáner, fax y fotocopiadora.
Es una impresora multifunción.
Here is a printer.
It works as a scanner, fax and photocopier.
It's a multi-function printer.

Kengo: Gracias.
Thank you.

Kengo: A propósito, ¿dónde están los materiales de la oficina, como lápices y borradores?
By the way, where are the office supplies such as pencils and erasers?

ケンゴ　はい。

アナ　スイッチはパンタジャの後ろに隠れています。

　　　デザイン性のためスイッチは後ろに隠れているのかな。

ケンゴ　このコンピュータはメモリーが何ギガバイトありますか？

アナ　このコンピュータの仕様は500ギガバイトのハードディスクと4ギガのRAMです。

　　　「ハードディスク（hard disk）」は英語だ。それをそのままスペイン語に訳すと「ディスコドゥーロ（disco duro）」か、なるほど単純だ。RAMは英語と同じようだ。
　　　メキシコでは「コンピュータ」はcomputadoraと言うんだった。英語に近かった。

ケンゴ　大変結構です。私の仕事には使えます。

アナ　これがプリンターです。
　　　またスキャナー、ファックス、そして複写機の機能も持っています。マルチファンクションのプリンターです。

　　　「プリンター」はインプレソーラ（impresora）か。マルチファンクションの機械は日本と同じだ。日本のメーカーだから当然か。

ケンゴ　ありがとう。

　　　さて、文房具はどこかな。

ケンゴ　ところで、鉛筆とか消しゴムといったオフィス用品はどこにありますか？

生活立ち上げ編　⑧ オフィスへ戻って

Ana: Hay una papelería en el rincón de la oficina.

There is an office supply storage in the corner of the office.

Kengo: ¿Significa el estante de archivo en la esquina?

Do you mean the cabinet in the corner?

Ana: Así es.

That's right.

Kengo: Necesito carpetas.

I need some binders.

Ana: Están en la papelería, y también podemos tomar de esa estantería.

They are in the office supply storage, and we can also take what's on that shelf.

Kengo: Muy bien, gracias.

Very good, thank you.

Ana: Si necesita algo más, dígamelo, por favor.

If you need anything more, please let me know.

Kengo: Sí, gracias.

OK, thanks.

アナ: オフィスの隅に事務用品置場があります。

> リンコン（rincón）とは「部屋の隅」のことをさすエスキナ（esquina）のことかな。

ケンゴ: 隅のキャビネットですか？

アナ: はい、そうです。

> 「ファイル用バインダー」は確か、カルペタ（carpeta）だ。

ケンゴ: バインダーが必要なのですが。

アナ: 事務用品置場にありますし、その棚にもあります。

> パペレリア（papelería）は「文房具屋」のことだが、オフィス内の文房具置場にも使っているようだ。エスタンテリア（estantería）は「本棚」だ。

ケンゴ: 了解しました。ありがとう。

アナ: もし、まだ何か必要でしたら私におっしゃってください。

ケンゴ: はい、ありがとう。

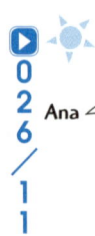

4 — 予定の確認　Confirmación de la agenda

Ana: Sr. Abe, necesita hacer citas para organizar su estancia en México.

Mr. Abe, you'll need to make some appointments in order to organize your stay in Mexico.

Kengo: Sí, claro.
¿Puedes ayudarme a preparar una agenda y a hacer citas para esta semana?

Yes, you're right.
Can you help me prepare a schedule and make appointments this week?

Ana: Con mucho gusto.

Certainly.

Kengo: Primero, necesito rentar una casa.
Segundo, necesito obtener un celular.
Necesito también abrir una cuenta en el banco.
Después necesito hacer unas compras.

First, I need to rent a house.
Second, I need to get a cell phone.
I also need to open a bank account.
Then, I need to do some shopping.

Ana: Sr. Abe, voy a hacer cita con la inmobiliaria y el banco.
No necesitamos hacer una cita para comprar un celular. Será suficiente con ir a una tienda de celulares.
Podremos ir de compras cuando tengamos tiempo porque las tiendas están abiertas toda la semana.

Mr. Abe, I will make an appointment with a real estate company and a bank.
To buy a cell phone, we don't have to make an appointment. We just need to go to a store that sells cell phones.
Because the stores are open all week, we can go shopping when we have time.

生活立ち上げ編 ⑧ オフィスへ戻って

アナ：アベさん、メキシコ滞在の準備にいくつか予約をしないといけないと思うのですが。

そうだ、今週は色々やらなくては。アナに手伝ってもらおう。

ケンゴ：はい、そうですね。
今週の計画作成とその予約を取るのを手伝ってもらえませんか？

アナ：喜んで。

依頼を承諾するときの典型的な表現だ。耳に心地よい。まず、家、携帯電話の契約、銀行口座開設だ。その他、日用品も色々揃えなければいけないな。

ケンゴ：最初に、自宅の確保。
２番目に、携帯電話の入手。
次に、銀行口座の開設も。
その後、いくらか買い物をしないといけませんね。

アナ：アベさん、不動産屋と銀行の予約は私がとります。
携帯電話の購入に予約はいりません。
携帯電話の店に行けば十分です。
店は週のいつでも開いていますので、時間があるときに買い物に行けますよ。

tengamos は tener の接続法だ。「が (ga)」の音が入るので、違う単語のように聞こえるな。接続法を使うケースはいくつかあった。cuando と一緒に使うときは、確か未来のことだったな。

コラム 9
店の名前

　日頃、何気なく見ている案内板や看板。これらは言葉を習得するうえで非常に役立ちます。店の看板には「-ería」で終わる単語が多いことに気がつきます。その看板の建物は必ずと言っていいほど、食堂か商店です。そうです、-ería が後ろについているのは、「○○屋」という意味になります。これを覚えておくと、街を歩くとき -ería で終わる看板のある建物が店であることがわかります。看板に書かれている店名の意味がわからなくても、建物の中をのぞいてみれば何の店かわかるので、単語の意味もわかり一挙両得です。

　例えば、メキシコの代表料理といえばタコス（tacos）。そのタコスを専門に出してくれるのがタコス屋、タケリア（taquería）です。（なおタコス（tacos）の「コ（co）」が、「ケ（que）」に変わっています。）

taquería の例

　このほか、パン屋のパナデリア（panadería）、メキシコの伝統料理ポソレ（pozole）を出す食堂、ポソレリア（pozolería）などもあります。
　一方、商店でよく目にするのは紙類（papel）を販売する文房具店、パペレリア（papelería）です。一般に papelería と言えば、「文房具店」のことですが、シーン 8-3 の会話に出てきたように、メキシコではオフィス等で「事務用品置場」の意味でも使われています。
　その他、金物店のフェレテリア（ferretería）などもあります。

なお、大文字で記述した場合はアクセント記号を省略する傾向が見られ、写真の例では「-ERIA」の「I」にアクセント記号がついていません。

文房具店（papelería）の例（土産物屋も併設）

金物店（ferretería）の例　　＊férreo/a：鉄の

コラム9　店の名前

シーン 9 　自宅の確保
Rentar la casa

☀ 1—不動産屋との顔合わせ　　Cita con la inmobiliaria

Ana: Sr. Abe, él es el señor Fernández.
Sr. Fernández, el señor Abe.

Mr. Abe, this is Mr. Fernández.
Mr. Fernández, Mr. Abe.

Agente: Sr. Abe, mucho gusto.

Mr. Abe, how do you do?

Kengo: Sr. Fernández, el gusto es mío.

Mr. Fernández, my pleasure.

Agente: Su asistente me dijo que usted es de Japón, y que estaba buscando una casa para usted.

Your assistant told me that you're from Japan, and looking for a house for yourself.

Kengo: Así es.

That's right.

Agente: ¿Va a vivir solo o con su familia?

Are you going to live alone or with your family?

Kengo: Voy a vivir solo.
Soy soltero y mis padres viven en Japón.

I'll live alone.
I'm a bachelor and my parents are living in Japan.

アナ：アベさん、フェルナンデスさんです。
フェルナンデスさん、アベさんです。

> やはり、人に紹介する際は señor Abe の前に定冠詞の el をつけている。女性ならば、la をつければ良いのだろうな。例えば、la señora Fernández といった具合にね。

エージェント：アベさん、はじめまして。

ケンゴ：フェルナンデスさん、はじめまして。

エージェント：あなたのアシスタントから、日本から来られて、ご自宅を探されていると聞いております。

ケンゴ：はい、そうです。

エージェント：お1人で住まわれるのですか、それともご家族と一緒ですか？

> solo「1人で」だと単身赴任に聞こえるかも。独身だから soltero と付け加えておこう。

ケンゴ：1人で住みます。
私は独身で、両親は日本に住んでいます。

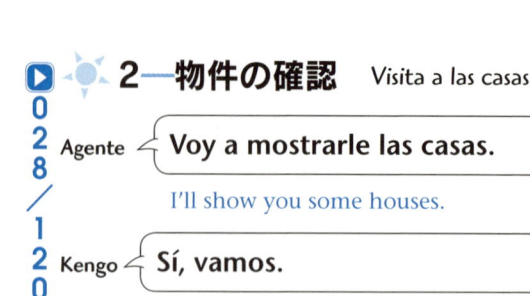

2―物件の確認　Visita a las casas

Agente: Voy a mostrarle las casas.
I'll show you some houses.

Kengo: Sí, vamos.
OK. Let's go.

Agente: Es la primera opción.
This is the first option.

Kengo: ¿Cuántas habitaciones tiene?
How many rooms does the house have?

Agente: Tres recámaras.
Three "recámaras".

Kengo: ¿La recámara significa dormitorio?
"Recámara" means bedroom?

Agente: Sí, así es.
Yes, that's right.

Kengo: ¿La casa está amueblada?
Is the house furnished?

Agente: Normalmente, no.
Si quiere usted, podemos incluirlos en el precio.
Normally, no.
If you like, we can include them in the price.

| エージェント | いくつか家をご覧いただきましょう。 |

| ケンゴ | 行きましょう。 |

| エージェント | 1つ目のオプションです。 |

1つ目の物件だ。部屋数は…

| ケンゴ | 家には部屋はいくつありますか？ |

| エージェント | 3つのレカマラです。 |

レカマラ（recámara）とは何？スペイン語の cámara、英語では camera は元々「部屋」（英語の chamber、発音は違うが、h と b を除くと camer で似てくる）のことなので、部屋に関係しているはずなのだが… ベッドルームのことか、聞いてみよう。

| ケンゴ | レカマラとは寝室のことですか？ |

| エージェント | はい、そうです。 |

家具付きかな。「家具」は mueble で、「家具を備え付ける」という動詞は amueblar だった。

| ケンゴ | 家には家具は付いていますか？ |

| エージェント | 普通は付いていません。
お望みなら、家賃に含めることも可能です。 |

家具付き可能か…。しかし、どれぐらい家賃が上がるのかな。

生活立ち上げ編 ⑨ 自宅の確保

Kengo: ¿Subirá mucho el precio?

Will that raise the price significantly?

Agente: Sí, 20% más del precio actual.

Yes, by 20 percent.

Kengo: Voy a pensarlo.

I'll think about it.

Kengo: ¿Cuántos baños hay?

How many bathrooms?

Agente: Hay dos, uno en cada piso.

There are two, one for each floor.

Kengo: ¿Hay una tina en el baño?

Is there a bathtub in the bathroom?

Agente: No, no hay tinas en los baños. ¿Necesita usted una?

No, there are no bathtubs in the bathrooms.

Kengo: Sí, porque siempre usamos la tina en Japón.

Yes, we always use a bathtub in Japan.

Agente: La siguiente casa que le voy a mostrar tiene una tina. ¡Vamos!

The next house that I'll show you does have a bathtub. Let's go.

3―物件の契約　Contrato de la casa

Agente: Hemos visto tres casas. ¿Cuál le ha gustado más?

We've seen three houses.
Which house did you like best?

生活立ち上げ編 ⑨ 自宅の確保

ケンゴ：家賃はかなり上がりますか？

エージェント：はい、現家賃の20%増しになります。

ケンゴ：考えてみます。

ケンゴ：バスルームはいくつありますか？

エージェント：各階に1つずつ、2つあります。

ケンゴ：バスルームにはバスタブがありますか？

エージェント：いいえ、バスルームにはバスタブはありません。
バスタブが必要ですか？

ケンゴ：はい、日本ではいつもバスタブを使いますので。

エージェント：次にお見せする家にはバスタブがありますよ。行ってみましょう！

エージェント：3つの家を見ました。
どの家が一番お気に入りでしたか？

> 3つのオプションの中でどれが良いかだから、cuál か。さて、どれも良いが、やはりバスルームにはバスタブが欲しいな。

Kengo: Todas las casas son bonitas, pero necesito una tina. Entonces, la segunda casa.

All of the houses are nice, but I need a bathtub.
Therefore, the second house.

Kengo: Me dijo usted que me cobraría diez mil pesos al mes de la renta, ¿correcto?

You told me that it would cost 10,000 pesos per month for the rent, didn't you?

Agente: Correcto. ¿Le gustaría amueblada?

That's correct. Do you want the house furnished?

Kengo: No, voy a buscarlos yo mismo.

No, I will look for them myself.

Agente: Perfecto.

Perfect.

Kengo: ¿Necesito darle un depósito?

Do I need to give you a deposit?

Agente: Así es.

That's right.

Agente: Sería un mes de renta como depósito, y la renta se paga por adelantado.

It would be one month's rent as a deposit,
and the rent is paid in advance.

ケンゴ: どの家も素敵です。しかし、バスタブが欲しいです。だから2番目の家を選びたいと思います。

> 確か、家賃は 10,000 ペソだったはず。

ケンゴ: 家賃は 10,000 ペソになると言われましたね？

エージェント: そうです。家具付きをご希望ですか？

> amueblada と言ったのは、la casa amueblada という意図だな。家具は自分で気に入ったものを探そう。追加の1年分の家賃で気に入った家具を結構買えそうなので。

ケンゴ: いいえ、家具は私自身で探します。

エージェント: 承知いたしました。

ケンゴ: デポジットは必要ですか？

エージェント: 必要です。

> デポジットはいるということか。

エージェント: 家賃の1カ月分となります。
そして、家賃は前払いでお願いします。

> 敷金1カ月分で、家賃は前払いか。日本に似ているな。

生活立ち上げ編 ⑨ 自宅の確保

コラム 10
形容詞の位置

　英語では、形容詞を名詞の前に置くと習いました。スペイン語は英語と違い、形容詞は原則として<u>名詞の後</u>に置きます。

　「美しい花」　　**beautiful** flower　　flor **bonita**
　　　　　　　　　形容詞　＋　名詞　　　　名詞 ＋ 形容詞

　ただし形容詞によっては名詞の前に置かれたり、後に置かれたりすることがあります。

　著者がメキシコで生活していた時、友人の車によく乗せてもらいました。車道では交通事故の犠牲になっている犬を頻繁に見かけたものです。そのたびに友人は **pobre** perro と言って、その犬に祈りを捧げていました。状況から判断すると、友人は「かわいそうな犬」の意味で **pobre** perro と言ったのでしょう。スペイン語の形容詞の語順の原則〈名詞＋形容詞〉からすれば「かわいそうな犬」は perro **pobre** になるはずではないかという疑問がわきます。そこで友人に質問すると「perro **pobre** は『貧乏な犬』という意味だが、犬に金持ちも貧乏もないので『飼い主のいない犬』かな。」という答えが返ってきました。

　このようにスペイン語の形容詞は、語順によって意味が変わるものもあるので注意が必要です。語順の大まかな傾向としては次のように覚えておくとよいでしょう。

・主観的に感情を込めた表現をしたいとき、本質的な性質を強調したいとき
　　　⇨名詞の前

・客観的に形・大きさなどの特徴や、本来的・具体的な意味を述べるとき
　　　⇨名詞の後

una **hermosa** mujer	「美しい」女性〈強調〉
una mujer **hermosa**	きれいな女性
¡**Dichosa** lluvia!	うれしい雨だ！⇨「いまいましい雨だ！」〈皮肉〉
suceso **dichoso**	喜ばしい出来事
un **gran** hombre	偉大な人
un hombre **grande**	大きな人

なお、bueno、malo は名詞の前に置かれることが多い形容詞です。

Buenos días.　　　　　おはよう。
malas noticias　　　　悪い知らせ

名詞の前に置く形容詞には、英語の this、that などに相当するいわゆる指示形容詞（este、ese、aquel）や数量詞（基数詞の uno/una、dos…や序数詞の primero/-ra など）もあります。

Yo llevo **este** libro.（〈書店で〉この本をもらいます。）

シーン 9 - 2 の不動産屋でのエージェントとケンゴの会話にも出てきました。

Es la **primera** opción.（1 つ目のオプションです。）
Tres recámaras.（3 つのレカマラ〈寝室〉です。）

コラム10　形容詞の位置

シーン 10 携帯電話の購入
Comprar el celular

1—オフィスにて　En la oficina

Kengo: Ana, ¿dónde puedo comprar un celular?

Ana, where can I buy a cell phone?

Ana: En cualquier centro comercial, hay tiendas de celulares. Tenemos unos proveedores que nos dan el servicio del celular. Le recomiendo comprar uno en Celular ABC porque tiene la mejor cobertura.

There are cell phone stores in any shopping center.
We have some dealers that provide us with cell phone service. I recommend that you buy from Celular ABC as they have the widest coverage.

2—セルラー ABC の店頭にて　En la tienda de Celular ABC

Dependiente: Buenos días, pase adelante.
¿En qué puedo servirle?

Good morning, come in.
How can I help you?

Kengo: Buenos días, me gustaría obtener el servicio del celular.

Good morning, I would like to arrange a cell phone service.

Dependiente: ¿Ya tiene su celular?

Do you already have your cell phone?

Kengo: No, no lo tengo. Quisiera comprar uno.

No, I don't. I'd like to buy one.

10 携帯電話の購入

ケンゴ: アナ、どこで携帯電話を購入できますか？

アナ: どのショッピングセンターにも携帯電話取扱店があります。
この国にはいくつか携帯電話のプロバイダーがありますが、カバーしている地域が最も広いセルラーABC がお勧めですよ。

> cualquier「どんな…でも」はよく使う形容詞で英語の any に相当する。原形は cualquiera だが単数名詞の前に置かれると語尾が脱落して cualquier となった。cualquiera「誰でも、どれでも」という代名詞もあったな。

> さてさて、セルラーABC だ。この店に入ってみよう。

店員: おはようございます。どうぞ、中へお入りください。
何かご入り用ですか？

> pase は動詞 pasar「通る（入る）」の usted に対する命令形だ。アデランテ (adelante) は「どうぞ（お入りください）」、耳に心地よい響きだ。

ケンゴ: おはようございます。携帯電話サービスを購入したいのですが。

店員: 携帯電話は既にお持ちですか？

> No tengo el celular だ。el celular を代名詞 lo に置き換えた場合は、動詞の前に置くルールがある。これは英語と完全に異なるポイントだった。この表現を使ってみよう。

ケンゴ: 持っていません。1 つ購入したいのですが。

Dependiente — **Claro, hay diferentes modelos. Puede verlos en el mostrador. ¿Busca un modelo especial?**

OK, there are diferent models.
You can see them in the display case.
Are you looking for a special model?

Kengo — **Me gustaría una marca japonesa porque soy de Japón.**

I would like a Japanese brand as I am from Japan.

Dependiente — **Por supuesto.**

Of course.

Kengo — **¿El celular es de prepago o de plan fijo?**

Is this prepaid system or fixed payment?

Dependiente — **Tenemos ambos. Si quiere usarlo por corto tiempo, le recomiendo el de prepago.**

We have both.
If you want to use it for a short time, I would recommend prepaid system.

Kengo — **Entonces, este modelo con prepago, por favor.**

In that case, this model, prepaid, please.

Dependiente — **Claro.**

OK.

店員: わかりました。いくつか異なるモデルがありますよ。
ショーケースをご覧ください。
何か特別なモデルをお探しですか？

> mostrador は「ショーケース」、場合によっては「カウンター」の意味だった。

> ここは、馴染みのある日本メーカー製を選ぼう。

ケンゴ: 私は日本人ですので、日本メーカー製のものが欲しいのですが。

店員: もちろんですとも。

> 確か、定額料金制のほかに海外ではプリペイドもポピュラーだと聞いたが。

ケンゴ: これはプリペイド方式ですか、それとも定額料金制ですか？

店員: 両方ございます。
短時間しか使われないのであれば、プリペイド方式をお勧めしますよ。

> まずは、そんなに話す相手もいないし、プリペイドの方が安上がりかな。

ケンゴ: それでは、このモデルにします。そしてプリペイド方式でお願いします。

店員: かしこまりました。

生活立ち上げ編 ⑩ 携帯電話の購入

シーン 11 銀行口座の開設
Apertura de la cuenta del banco

Dependiente 1: Bienvenido al Banco ABC.
Welcome to the ABC Bank.

Kengo: Buenas tardes.
Me gustaría abrir una cuenta.
Good afternoon.
I would like to open an account.

Dependiente 1: Claro.
Tenga su número y espere un rato allá.
Certainly.
Please take a number and wait for a while over there.

Kengo: Sí, está bien.
Yes, OK.

Dependiente 2: Número 1010, por favor.
Number 1010, please.

Kengo: Ah, es mi turno.
Ah, it's my turn.

Dependiente 2: ¿En qué puedo ayudarle?
How can I help you?

Kengo: Quisiera abrir una cuenta.
I would like to open an account.

11 銀行口座の開設

銀行員1: ABC銀行へようこそ。

> 丁寧な願望表現 'Me gustaría...' で用件を伝えよう。

ケンゴ: こんにちは。
口座を開きたいのですが。

銀行員1: かしこまりました。
番号をお取りになって、あちらにお掛けください。

> tenga は tener の usted に対する命令形（接続法現在形と同じ形）だ。この国でも整理券を取るのか。アナに予約はしてもらったけれど…まあ、待ってみよう。

ケンゴ: はい、わかりました。

銀行員2: 1010番の方、どうぞ。

ケンゴ: ああ、私の番だ。

銀行員2: ご用件を承りますが？

> 用件を告げるのに、ここは quiero でなく、丁寧に quisiera で始めよう。

ケンゴ: 口座を1つ開きたいのですが。

Dependiente 2: ¿Qué tipo de cuenta quisiera abrir, de transacción, de ahorro, etc.?

What type of account would you like to open, checking? savings?

Kengo: Será una cuenta normal.

It should be a regular account.

Dependiente 2: Con la cuenta de transacción, puede usar la tarjeta bancaria en el cajero y la usa como la tarjeta de débito.

With the checking account, you can use the bank card at an ATM as well as a debit card.

Kengo: Esa es la que quiero abrir.

That's what I want to open.

Dependiente 2: Entonces, ¿podría llenar este formulario?

OK then, could you fill out this form?

Kengo: Por supuesto.

Of course.

Kengo: Aquí hay una casilla en blanco para el depósito inicial. ¿Hay un mínimo para abrir la cuenta?

There's a space for the initial deposit.
Is there a minimum requirement for opening the account?

Dependiente 2: No, no hay un mínimo. Desde un peso, podría abrirla.

No, there isn't a minimum requirement.
You can open it with one peso.

銀行員2: どんな種類の口座を開設されたいのですか？
当座預金口座？　貯蓄預金口座？

> transacción は英語の transaction のことだから、取引口座、すなわち「当座預金口座」だろう。ahorro は動詞 ahorrar「貯蓄する」の名詞形のようなので、利子のつく「貯蓄預金口座」だな。まずは普通の口座で良いのだが。

ケンゴ: 普通の口座で良いのですが。

銀行員2: 当座預金口座ですと、ATMにてバンクカードをお使いになることができますし、デビットカードとしてもお使いいただけます。

ケンゴ: それが私の開きたい口座です。

銀行員2: それでは、この所定用紙に記入をお願いできますか。

> フォルムラリオ（formulario）は「フォーム」のことかな？

ケンゴ: わかりました。

> 入金額を記入するようになっているが、最低限度額はあるのかな？

ケンゴ: ここに入金金額の空欄がありますが。
口座を開くのに最低限度額はありますか？

銀行員2: 最低限度額はございません。
1ペソから、開設していただけます。

> 限度額がないのであれば、とりあえず手持ちのペソをあずけておこう。

生活立ち上げ編

⑪ 銀行口座の開設

105

Kengo: **En este caso, voy a depositar mil pesos.**
In this case, I'll deposit 1,000 pesos.

Dependiente 2: **Bien, va a llegar a su domicilio la información de su cuenta y la tarjeta del banco por separado dentro de cinco días hábiles.**
All right, your account information and the bank card will arrive separately at your address in five working days.

Kengo: **Gracias, muy amable.**
Thank you. That's very kind of you.

| ケンゴ | それなら、1,000ペソ入金します。 |

| 銀行員2 | 承知いたしました。5営業日後、お客様の口座に関する情報と、バンクカードがお客様のご住所に別々に届きます。 |

> cinco días hábiles と言ったな。hábiles が大切なポイントだ。実働日なので、カレンダー日とは違い、土日の週末は含まないことになる。まるまる1週間かかるということか。
> 「住所」は dirección だが、domicilio を使ったな。届出住所などフォーマルな場合にはこの表現を使うようだ。

| ケンゴ | ご親切に、ありがとうございました。 |

生活立ち上げ編

⑪ 銀行口座の開設

107

シーン 12 — 家具の購入
Compras de los muebles

Kengo: Quiero comprar una cama.
I'd like to buy a bed.

Dependiente: ¿Qué tipo de cama busca?
Tenemos individual, matrimonial y king.
What kind of bed are you looking for?
We have single, double and king size.

Kengo: ¿Qué es la "individual" y la "matrimonial"?
What are "individual" and "matrimonial"?

Dependiente: Voy a mostrárselas.
I'll show you them.

***

Kengo: Necesito una individual.
I need a single.

Dependiente: Muy bien, tenemos tres marcas.
La cama de esta marca es de lujo y suave con resortes individuales. La segunda es estándar y suave, y la última es estándar, pero es dura.
OK. We have three manufacturers.
This brand is luxurious and soft with individual coil springs. The second one is standard and soft, and the last one is standard, but hard.

生活立ち上げ編 ⑫ 家具の購入

ケンゴ: ベッドを購入したいのですが。

店員: どんな種類のベッドをお探しですか？
インディビドゥアル、マトリモニアルそしてキングサイズがありますが。

> キング（king）サイズはわかるが、他は何だろう。

ケンゴ: 「インディビドゥアル」、「マトリモニアル」とは何ですか？

店員: それらをお見せしましょう。

> 「あなた」に「それら」を見せるのだから、3人称の間接・直接目的格人称代名詞を使って se と las を動詞 mostrar の語尾につけている。-lelas では発音しにくいので間接目的格 le が se に変わると習ったな。
> ああ、インディビドゥアル（individual）とは「シングル」で、マトリモニアル（matrimonial）は「セミダブル」のことか。インディビドゥアルだな。

＊＊＊

ケンゴ: インディビドゥアルにします。

店員: かしこまりました。3つのメーカーのものがあります。
このメーカーのベッドは独立コイル式の豪華な柔らかい仕様のものです。2つ目はスタンダードで柔らかい仕様で、最後はスタンダードですが、硬めの仕様です。

> 1つ目は独立コイルばねの構造か。日本の宣伝でもよく見る豪華なタイプだ。その他のベッドの違いは柔らかさか。とりあえず試させてもらおう。

109

Kengo: ¿Puedo probarlas?

Can I try it?

Dependiente: Por supuesto.

Of course.

***

Kengo: Me gusta la última cama que me mostró. Es dura, pero cómoda.
¿Cuánto cuesta?

I like the last bed you showed me. It is hard, but comfortable. How much is it?

Dependiente: Cuesta tres mil pesos más la entrega.
¿Dónde vive?

It costs three thousand pesos plus the delivery fee.
Where do you live?

Kengo: Vivo en la ciudad de Salamanca.

I live in Salamanca.

Dependiente: En este caso, le cobramos trescientos pesos.

In that case, the charge is three hundred pesos.

Kengo: ¿En total, son tres mil trescientos pesos?

In total, does it cost three thousand and three hundred pesos?

Dependiente: Más IVA.

Plus IVA.

生活立ち上げ編 ⑫ 家具の購入

ケンゴ: 試してもよろしいですか？

店員: もちろんですとも。

***

ケンゴ: 最後のベッドが気に入りました。硬めですが、心地よいです。おいくらですか？

店員: 3,000ペソと配達料金です。どちらにお住まいですか？

> más +（…）は、（…）が追加費用だ。ここでは entrega と言ったので、配達料金だな。

ケンゴ: サラマンカ市内です。

店員: その場合は、料金は300ペソとなります。

> 300ペソ請求すると話している。

ケンゴ: 合計3,300ペソですか？

店員: IVAを別途いただきます。

> イバ（IVA）とは一体何だろう。

Kengo: ¿Qué es IVA?

What is IVA?

Dependiente: Es la abreviación del Impuesto al Valor Agregado.

It is the abbreviation of Impuesto al Valor Agregado (Value Added Tax).

Kengo: Ah, entiendo.

Ah, I understand.

Dependiente: ¿Cuándo se la enviamos?

When can we deliver it?

Kengo: ¿Pueden para este sábado?

Can you do it this Saturday?

Dependiente: Un momento, voy a revisar.
Sí, se la podemos enviar para este sábado.
¿Cómo va a pagar, en efectivo o con tarjeta?

One moment, I'll check.
Yes, we can deliver it to you this Saturday.
How are you going to pay, in cash or by credit card?

Kengo: Con tarjeta, por favor.

By credit card, please.

| ケンゴ | IVAとは何ですか？ |

| 店員 | 付加価値税のことです。 |

> ああ、日本の消費税のようなものか。

| ケンゴ | ああ、わかりました。 |

| 店員 | いつそれをご自宅にお届けしましょうか？ |

> 代名詞が動詞の前に来るのは、英語と根本的に違うので、なかなか慣れないな。

| ケンゴ | この土曜日は可能でしょうか？ |

| 店員 | 少々お待ちください。確認します。
はい、この土曜日にお届け可能です。
お支払いはどのようにされますか？現金ですか、それともカードですか？ |

| ケンゴ | カード払いでお願いします。 |

生活立ち上げ編 ⑫ 家具の購入

シーン 13 — 日用品の購入
Compras de necesidades diarias

1—オフィスにて En la oficina

Kengo: Ana, quiero comprar unos platos, tenedores, cuchillos y unas cosas para la cama.
¿Dónde puedo comprarlas?

> Ana, I want to buy some plates, forks, knives and things for beds. Where can I buy them?

Ana: Ah, las vajillas, los cubiertos y la ropa de cama, ¿cierto?

> Ah, dishes, silverware and bedding, correct?

Kengo: Así es.

> That´s right.

Ana: Le recomiendo ir a un supermercado grande.

> I recommend that you go to a big supermarket.

Ana: Hay dos grandes en la ciudad.
Necesita ir al supermercado en carro porque tendrá que llevar muchas cosas.
Voy a pedirle al chofer que lo lleve al supermercado.

> There are two big ones in the city.
> You need to go to the supermarket by car as you will have to carry many things.
> I'll ask a driver to take you to the supermarket.

生活立ち上げ編 ⑬ 日用品の購入

> 生活用品を買わないといけないな。どこで買ったら良いかアナに聞いてみよう。

ケンゴ：アナ、食器とフォーク、ナイフそして寝具を購入したいのですが。それらはどこで買えますか？

アナ：ああ、食器、カトラリーセット、そして寝具ですね？

> 「食器」は vajillas、「フォーク・ナイフ・スプーンセット」は cubiertos と言うのか。英語では silverware（米）で「色、材質」の視点、cutlery（英）では「切る（cut）」という視点だが、スペイン語では「包む（cubrir）」という視点なのか。「寝具」を ropa de cama というのはシャレた表現だな。

ケンゴ：そうです。

アナ：大きなスーパーマーケットへ行かれると良いと思いますよ。

> また、人称代名詞が初めにくる表現だ。

アナ：この街には大きなスーパーマーケットが２つあります。
たくさんの購入品を運ばないといけないでしょうから、車で行かれたほうが良いでしょうね。
ドライバーにスーパーマーケットへお連れするように頼んでおきますよ。

> ありがたい、ドライバーさんに連れて行ってもらおう。車は coche と習ったが、メキシコでは carro と呼ばれているようだ。英語の car に近いな。そういえば誰かに、街の中心に大きなスーパーマーケットがあると聞いたのだが。そんなときは、'Me dijeron que...' の表現だ。時制の一致に気をつけて、hay の線過去形である había を使おう。

115

Kengo: **Gracias. ¿A cuál supermercado debo ir? Me dijeron que había uno grande por el centro de la ciudad.**

Thanks. Which supermarket should I go to?
I heard that there is a big one downtown.

Ana: **Sí, es correcto. Pero es un mercado tradicional, no es supermercado. Para comprar las cosas para la comida, sería un buen lugar. Pero, para comprar las cosas que quiere, es mejor ir a un supermercado grande. Como le dije, tenemos dos. Le recomendaría ir al que está más cerca de aquí.**

Yes, that is right, but it's a traditional market—not a supermarket. It would be a good place to buy food. However, to buy things you're looking for, it would be better to go to a big supermarket. As I told you, we have two. I would recommend that you go to the closer one.

Kengo: **Está bien. Gracias.**

OK. Thank you.

2—スーパーマーケットにて   En el supermercado

Kengo: **¿Dónde está el cesto?**

Where is a basket (cesto)?

Dependiente 1: **¿Estás buscando la canasta? Tenemos las canastas allí y los carritos allá.**

Are you looking for a basket (canasta)? We have baskets (canastas) there and carts over there.

Kengo: **Gracias. ¿Dónde están las vajillas y los cubiertos?**

Thank you. Where are the dishes and silverware?

ケンゴ：ありがとう。どのスーパーマーケットへ行けば良いのかな？街の中心付近に大きなものがあると聞きましたが。

アナ：はい、そうなんです。でもそれはスーパーマーケットではなくて、伝統的な市場です。食材を購入するのには良い場所です。でも、お望みの物を購入するには、大きなスーパーマーケットへ行かれるのが良いと思いますよ。お話ししましたように2つありますが、ここから近い方が良いでしょう。

> マーケット (mercado) とスーパーマーケット (supermercado) は確かに違う。よく聞かないと間違えるな。
> al que は a el que の縮約形だった。el は supermercado を受けている。que 以下にその説明だが、英語の what と違い、定冠詞男性形 el で、先行詞が明示されるのでわかりやすかった。こんな時は名詞に性別があると便利だ。

ケンゴ：了解。ありがとう。

> 買い物かごはどこかな。「バスケットボール」は baloncesto なので、「バスケット」は cesto じゃないかな。まずはこれで尋ねてみよう。

ケンゴ：バスケットはどこにありますか？

店員1：カナスタをお探しですか？カナスタはあそこにあります。カートはあちらです。

> 「スーパーの買い物かご」はカナスタ (canasta) というのか。
> セストでも通じるが、一般には、かごはかごでも洗濯物を入れておくような大きなかごやごみ箱のことらしい。
> さて、新しく覚えた las vajillas と los cubiertos を使って質問してみよう。

ケンゴ：ありがとうございます。食器とカトラリーセットはどこにありますか？

生活立ち上げ編 ⑬ 日用品の購入

Dependiente 1: Están cerca de los electrodomésticos.

They are located near home electric appliances.

Kengo: ¿Electrodomésticos?

Home electric appliances?

Dependiente 1: Sí, donde están las cosas para la cocina como el microondas y la cafetera.

Yes, it's where things for cooking such as microwaves and coffee makers are located.

***

Kengo: Señor, ¿dónde encuentro la ropa de cama?

Excuse me, where can I find bedding?

Dependiente 2: Está en la sección B. Al fondo, a la izquierda. Lo acompaño.

It's in section B. At the end, to the left.
I will accompany you.

Kengo: Gracias.

Thank you.

***

Dependiente 2: ¿Qué tipo de ropa de cama necesita?

What kind of bedding do you need?

Kengo: De todo.

Everything.

生活立ち上げ編 ⑬ 日用品の購入

店員1:「家電製品売り場の近くにあります。」

> エレクトロドメスティコス (electrodomésticos) だって。家電関係ではないのだけど。

ケンゴ:「家電製品ですか？」

店員1:「はい、電子レンジやコーヒーメーカーといった調理用品が陳列されているところです。」

> 家電製品は台所で使う器具が多いので、近くにおいてあるのかな。

***

ケンゴ:「店員さん、寝具はどこですか？」

店員2:「売り場Bにあります。つきあたって、左です。
ご案内しましょう。」

ケンゴ:「ありがとうございます。」

***

店員2:「どのタイプの寝具をご入り用ですか？」

> 「全部」と言いたいが、複数形で todos というと「みなさん」という意味になったな。ここは単数形の todo だ。

ケンゴ:「全てです。」

Dependiente 2: **Entonces, los cubrecamas, las sábanas y los edredones están aquí, y las almohadas están al lado.**

Then, bedspreads, sheets and comforters are here, and pillows are next to them

***

Kengo: **¿Hay cervezas frías?**

Is there cold beer?

Dependiente 3: **Sí, hay, en los refrigeradores.**

Yes, they are in the refrigerators.

Kengo: **¿También hay sodas?**

Are there soft drinks (sodas) as well?

Dependiente 3: **Sí, al lado de las cervezas hay refrescos.**

Yes, next to the beer there are soft drinks (refrescos).

Kengo: **¿Refrescos?**

¿Soft drinks (refrescos)?

Dependiente 3: **Busca Coca, jugo de naranja, etc., ¿no?**

You're looking for Coca-Cola, orange juice, etc, aren't you?

Kengo: **Así es.**

That is right.

店員2: それでしたら、ベッドカバー、シーツそして掛け布団はここにあります。そして、枕はその隣です。

> 寝具の単語のオンパレードだ。ともかく、これで寝具はそろった。さてと、次は飲み物だ。「ビール」はセルベッサ（cerveza）。これは忘れない。「清涼飲料水」はソーダ（soda）だったかな。

***

ケンゴ: 冷えたビールはありますか？

店員3: はい、冷蔵庫の中にあります。

ケンゴ: 清涼飲料水もありますか？

店員3: はい、レフレスコスはビールの隣にあります。

> al lado は「となり」のこと。レフレスコス（refrescos）とは何？

ケンゴ: レフレスコス？

店員3: コカ・コーラやオレンジジュース等をお探しですよね？

> 「ジュース」は zumo と習ったが、メキシコでは jugo だったな。
> そうか、レフレスコ（refresco）は「清涼飲料水」のことだ。英語の refresh に似ているな。コカ・コーラはコカ（Coca）と呼ぶんだ。

ケンゴ: はい、そうです。

生活立ち上げ編 ⑬ 日用品の購入

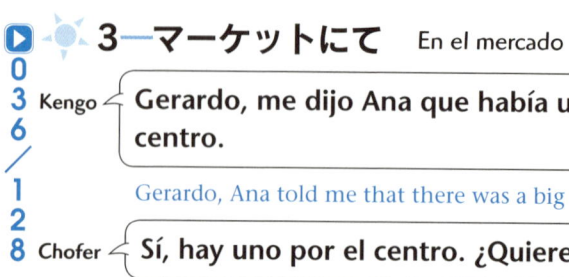

3 — マーケットにて   En el mercado

Kengo: Gerardo, me dijo Ana que había un mercado grande por el centro.

Gerardo, Ana told me that there was a big market downtown.

Chofer: Sí, hay uno por el centro. ¿Quiere visitarlo?

Yes, there is one downtown. Would you like to visit it?

Kengo: Sí, por favor.

Yes, please.

***

Chofer: Tiene que caminar hasta la entrada por este lugar. Voy a esperarlo aquí.

You have to walk to the entrance along this path. I'll be waiting for you here.

***

Kengo: ¡Cuánta gente!

What a lot of people!

***

Kengo: ¿Qué es eso?

What's this?

Vendedora: Son mangos. ¿Quiere probar un pedazo?

They are mangos. Would you like to try a piece?

ケンゴ 〈心〉 アナから聞いたことを話そう。聞いたのは過去だから時制の一致に注意しよう。英語と同じだったな。

ケンゴ：ヘラルド、アナから中心地付近に大きなマーケットがあると聞いたのですが。

ドライバー：はい、中心地にありますよ。そこへいらっしゃいますか？

ケンゴ：はい、お願いします。

***

ドライバー：この道を歩いていけば、入口の扉までたどり着けますよ。私はここでお待ちしています。

***

ケンゴ：すごい人だ！

ケンゴ 〈心〉 あそこに果物屋がある。カラフルだな、行ってみよう。

***

ケンゴ：それは何ですか？

販売員：マンゴーです。1つお試しになりますか？

ケンゴ 〈心〉 よし、試してみよう。

Kengo: Por favor.

Please.

Kengo: ¡Qué rico! Muy dulce. Me gusta mucho.

How tasty! It's very sweet. I like it very much.

Kengo: Voy a comprarlos.

I am going to buy some.

Vendedora: ¿Cuánto necesita, un kilo, medio kilo?

How much do you need, one kilogram, a half kilogram?

Kengo: ¿Cuánto cuesta?

How much does it cost?

Vendedora: Treinta pesos el kilo.

Thirty pesos per kilogram.

Kengo: Bien, deme medio kilo, por favor.

Good, give me a half kilogram, please.

Kengo: También, quiero comprar los avocados, cinco por favor.

Also, I want to buy the avocados, five please.

Vendedora: ¿Los aguacates?

Aguacates?

Kengo: Sí, aguacates. Cinco, por favor. ¿Cuánto es?

Yes, aguacates. Five, please.
How much?

ケンゴ	お願いします。
	ウー、甘い。
ケンゴ	おいしい！すごく甘いですね。大好きです。
	量り売りだろうが、いくらかな。
ケンゴ	それらをいただきましょう。
販売員	どれほど必要ですか？1キロ、それとも0.5キロ？
ケンゴ	おいくらですか？
販売員	1キロ、30ペソです。
ケンゴ	わかりました、0.5キロお願いします。
ケンゴ	そのアボカドも5つお願いします。
販売員	アグアカテのことですか？
	どうも「アボカド」では通じないようだ。スペイン語では「アグアカテ（aguacate）」と言うのか。そういえばアボカドは英語名だと誰かが言っていたな。
ケンゴ	はい、アグアカテを5つです。 おいくらですか？

生活立ち上げ編 ⑬ 日用品の購入

Vendedora: Son treinta y cinco pesos.

It costs thirty five pesos.

Kengo: Aquí tiene. Gracias.

Here you are. Thank you.

Vendedora: Que le vaya bien.

Have a good day.

☀ 4—再びオフィスにて　En la oficina de nuevo

▶ 037/129

Ana: ¿Cómo le fue?

How did it go?

Kengo: Bien, gracias.

Good, thanks.

Kengo: A propósito, Ana, después de que compré las frutas, me dijo la vendedora, "que le vaya bien". ¿Qué significa eso?

By the way, Ana, after buying the fruits, the seller said to me, "que le vaya bien." What does it mean?

Ana: Es una abreviación de "yo deseo que le vaya bien". Significa, "yo deseo que usted tenga un buen día". Omitimos "yo deseo". Además, como es en forma de deseo, necesitamos usar subjuntivo de "ir", o sea, "vaya".

It is an abriviation of "I hope that it goes well with you".
It means, "I hope that you have a good day".
We omit "I hope". Furthermore, as it expresses a desire, we need to use subjunctive of "ir", which is "vaya".

販売員 ┤ 35 ペソです。

お手頃価格だ。マーケットは物が新鮮で安いと聞いてはいたが、本当だ。

ケンゴ ┤ さあ、どうぞ。ありがとう。

販売員 ┤ どうぞ、良い一日を。

que を使う表現が多いな。vaya は動詞 ir の接続法現在形だった。英語で言うと go well だから、「良い一日を」といった意味だろう。

アナ ┤ うまくいきましたか？

'¿Cómo le va?' は「調子はどうですか？」という決まり表現だった。ここでは動詞 ir の過去形 fue を使っているので、「うまくいきましたか？」と結果を聞いているようだ。

ケンゴ ┤ うまくいきました。ありがとう。

ああ、そうだ。マーケットで聞いたスペイン語表現について質問してみよう。

ケンゴ ┤ ところで、アナ、果物を買った後、販売員が私に「ケ レ バジャ ビエン」と言ったんだが、それはどういう意味？

アナ ┤ 「あなたにとって、物事がうまくいきますように」の省略形ですよ。
「良い一日をお過ごしください」という意味ですね。
「yo deseo」が省略されています。さらに、願望の形なので「ir」の usted の接続法つまり「vaya」を使っているんです。

そうか、yo deseo が省略されていると考えるとわかるな。スペイン語の文法で習ったが、実際に聞いてみると戸惑うな。しかし、だんだん慣れてきたぞ。

Kengo: **Ahora entiendo.**

Now I understand.

Kengo: **A veces, me dicen, "que tenga buen día" o "viaje". Estas formas son iguales a "que le vaya bien", ¿verdad?**

Sometimes, they say to me, "que tenga buen día" o "viaje".
These forms are similar to that of "que le vaya bien", aren't they?

Ana: **Correcto.
¡Usted está aprendiendo el español rápido!**

Correct.
You are learning Spanish rapidly!

| ケンゴ | やっと、理解できた。 |

| ケンゴ | 時々、「ケ テンガ ブエン ディア」あるいは「ビアへ」と聞くことがあるんだけど。これらは「ケレ バジャ ビエン」と同じような表現なんだね？ |

| アナ | そうです。
スペイン語を急速にモノにされていますね！ |

シーン14 薬局にて
En la farmacia

1—オフィスにて　En la oficina

Kengo: Uy..., tengo dolor de estómago.
Oh, I have a stomach ache.

Edgar: ¿Tal vez, comiste algo que te cayó mal?
Maybe, you ate somthing that made you sick.

Kengo: No recuerdo.
I don't remember.

Edgar: No te preocupes.
Esto se llama la "Venganza de Moctezuma".
Don't worry.
It is called "Moctezuma's revenge".

Kengo: ¿Qué es eso?
What's that?

Edgar: En México decimos así cuando los extranjeros tienen dolor de estómago como si Moctezuma se vengara de los invasores.
In Mexico that´s what we say when foreigners have a stomach ache as if Moctezuma were getting revenge on invaders.

Kengo: ¿Quién es Moctezuma?
Who is Moctezuma?

生活立ち上げ編 ⑭ 薬局にて

> どうも、お腹の調子が悪いな。

ケンゴ｜ああ、お腹が痛い。

エドガル｜たぶん何か体に悪いものを食べたのでは？

> 点過去で聞いてきたな。「何か悪いものを食べたか？」と聞いているので、点過去か。しかし、心当たりはないな。

ケンゴ｜覚えてないな。

エドガル｜心配しなくてもいいよ。
「モクテスマの復讐」と呼ばれるものだよ。

> 何やら、変なことを言い出したぞ。いったいそれは何？

ケンゴ｜それは、何？

エドガル｜メキシコでは外国から来た人のお腹が痛くなったとき、まるでモクテスマが侵略者に対して復讐しているかのように、このように言うんだ。

> 〈como si ＋接続法過去形〉か。「まるで…であるかのように」だったな。どうも、モクテスマ（Moctezuma）という人の復讐のようだ。いったい、それは誰？

ケンゴ｜モクテスマとは誰？

131

Edgar: **Era emperador de México cuando los españoles conquistaron esta región, y se le conocía como el emperador de la buena comida.
Ahora, la tradicional comida mexicana es Patrimonio Cultural Intangible por la UNESCO.**

He was an emperor of Mexico when the Spanish conquered this region, and he was known as the emperor of good food.
Now, UNESCO has declared traditional Mexican food to be a part of their Intangible Cultural Heritage.

Kengo: **Entiendo, pero ahora necesito medicamentos...**

I undestand; but, now I need medicine.

Edgar: **Ah, es verdad. Vamos a la farmacia.**

Oh, that's right. Let's go to a drug store.

2—薬局にて　En la farmacia

Dependiente: **Buenas tardes. ¿Qué desea?**

Good afternoon. What would you like?

Kengo: **Tengo dolor de estómago. ¿Tiene algún medicamento?**

I have a stomach ache. Do you have any medicine?

Dependiente: **¿Tiene usted diarrea?**

Do you have diarrhea?

Kengo: **Sí, muy fuerte.**

Yes, very strong.

エドガル	スペイン人がこの地域を征服した時のメキシコの皇帝だよ。そして、彼は美食家の皇帝として知られていたんだ。今日では、メキシコ料理はユネスコの無形文化遺産となっているんだよ。

食通の皇帝だったんだ。確かにメキシコ料理はバラエティに富んでおり、美味しい。そういえば、グアナファト州内のグアナファトやサン・ミゲル・デ・アジェンデの歴史地区も世界文化遺産に登録されていたぞ。メキシコは歴史的文化レベルが高いな。しかし、今はお腹が…。

ケンゴ	わかったけど、今は薬が必要だ…
エドガル	あ、そうだった。薬局へ行こう。
店員	こんにちは。何かお探しですか？

'¿Qué desea?' はよく聞く表現だ。desea は desear の usted の活用形だ。「…が痛む」というときは、'tener dolor de …' と言えばよかった。

ケンゴ	お腹が痛むのですが、何か薬はありますか？
店員	下痢をされていますか？
ケンゴ	はい、とてもひどいです。

生活立ち上げ編 ⑭ 薬局にて

Dependiente: **Aquí tiene un medicamento para el dolor y cortar la diarrea.**

Here is a medicine for the pain and that will also stop the diarrhea.

Kengo: **Sí, me lo llevo.**

OK, I'll take it.

Dependiente: **Cuando tiene diarrea, es mejor tomar algo líquido como una bebida deportiva.**
La va a encontrar en el refrigerador.

When you have diarrhea, it is better to take something liquid like a sport drink.
You'll find it in the refrigerator.

店員 ここに、痛みと下痢を抑える薬があります。

買うときは、再帰動詞 llevarse を使った。

ケンゴ はい、それをいただきます。

店員 下痢をされているときは、スポーツドリンクのような飲み物を飲まれるとよいですよ。その冷蔵庫の中にあります。

脱水症状を避けるには、スポーツドリンクか。日本と同じ対症療法だ。

コラム 11
2つの過去形

　スペイン語の勉強を始めてしばらくすると、点過去・線過去という2つの過去形が出てきて、違いを理解するのに苦労するため、スペイン語は面倒くさいと思いがちです。しかし、この2つの過去形があることにより、細かいニュアンスが伝えられることは確かです。
　例えば、「昔、柔道をしていた。」と言いたい時、英語では過去形を使います。

　　　　I **practiced** judo.

しかしこれでは体育の授業で1回だけ習ったことがあるのか、クラブなどに入って本格的に練習をしていたのかわかりません。そこで、

　　　　I **used to practice** judo.

とします。これで聞き手は「過去のある期間継続して柔道をしていた」と判断できます。「…したものだ」という慣用表現 used to を使っているからです。

　スペイン語で「過去のある期間継続して行なっていた」というニュアンスを伝える場合は、特別な慣用表現を使用しなくても、動詞の線過去形を用ればOKです。
　　　　Yo **practicaba** judo.
とすることで「私は〈過去のある期間〉柔道をしていたものです。」という、習慣・継続のニュアンスが出ます。
　一方、ここで点過去形を用いて
　　　　Yo **practiqué** judo.
とすると「私は〈過去〉柔道をした。」という、完結のニュアンスが出ます。

　シーン14-1でエドガルが次のように言っていました。
　　　　¿Tal vez, **comiste** algo que te cayó mal?

エドガルはケンゴが「たぶん何か体に悪いものを食べたのでは？」と点過去形を使っています。さらに、エドガルは「モクテスマが過去、メキシコの皇帝で美食家として知られていた。」と話します。

Era emperador de México（中略），y se le **conocía** como el emperador de la buena comida.

ここでは線過去形を使っています。これは過去のある期間にわたっての状況説明（描写）をしているからです。

線過去	点過去
習慣や継続、反復行為 ⟺ 一度きりの行為	
継続中で未完結 ⟺ 完結	
状況描写	

コラム11　2つの過去形

シーン15 クリニックにて
En la clínica

1—オフィスにて　En la oficina

Kengo: Ana, todavía tengo dolor aunque tomé el medicamento.
Ana, I still have pain even though I took a medicine.

Ana: Es mejor que vaya al médico.
You had better go see a doctor.

Kengo: Sí, tengo que ver un médico.
Yes, I have to see a doctor.

Ana: ¿Tiene usted seguro médico?
Do you have medical insurance?

Kengo: Sí, tengo uno de viaje internacional.
Después de la consulta, voy a solicitar la devolución.
Yes, I have overseas travel insurance.
After the consultation, I will put in a claim for the reimbursement.

Ana: En este caso, le recomiendo ir a la Clínica Salamanca.
Voy a hacer una cita para usted.
In this case, I recommend that you go to the Salamanca Clinic.
I'll make an appointment for you.

> 「薬を飲んだけれども」と言いたいので、aunque を使おう。aunque は接続詞だ。aunque 以降に事実（「…ではあるが」）を述べるときは直説法。仮定（「たとえ…でも」）のときは接続法を使うのだった。薬を飲んだのは事実なのでここは直説法だ。

ケンゴ：アナ、薬を飲んだんだけど、まだ痛みがあるんだよね。

アナ：お医者さんに診てもらいにクリニックへ行かれたほうが、良いのではないですか。

> 〈Es mejor que…〉は価値判断を表すので、que の後は接続法だ。やはり、アナは接続法で話した。〈ir al médico〉は「病院に行く」ということだ。

ケンゴ：そうだね、お医者さんに診てもらわないといけないな。

アナ：医療保険には入っていらっしゃいますか？

> あ、そうだ。会社で海外旅行者保険に入っていたはずだ。

ケンゴ：うん、海外旅行者保険には入っているよ。
診療の後に、返金請求すれば良かったはずだ。

> 確か、提携の病院でなければ、窓口でひとまず直接支払う。所定用紙に必要事項を記入してもらえば後で精算できたはずだ。

アナ：それなら、サラマンカクリニックに行かれるとい良いでしょう。
予約をしておきますよ。

> ホテルの予約は reservación だったが、病院の予約は cita か。

2—クリニックにて　En la clínica

Recepcionista: Buenas tardes.
¿Tiene una cita?

Good afternoon.
Do you have an appointment?

Kengo: Sí, la hizo mi asistente.
Me llamo Kengo Abe.

Yes, my assistant made it.
My name is Kengo Abe.

Recepcionista: Sí, Sr. Abe, siéntese ahí y espere un momento.
Le avisamos cuando sea su turno.

Yes, Mr. Abe, have a seat there and wait for a moment.
We'll let you know when it's your turn.

***

Enfermera: Sr. Abe, por favor, pase.

Mr. Abe, please come in.

***

Médico: Buenas tardes, Sr. Abe.

Good afternoon, Mr. Abe.

Kengo: Buenas tardes, doctor.

Good afternoon, doctor.

Médico: ¿Qué le pasa?

What seems to be the problem?

受付 | こんにちは。
予約はされていますか？

> やはり reservación ではなく cita と言ったな。「アシスタントが予約した」と返事をしよう。cita は女性名詞だから代名詞の la に変えて動詞の前に、主語は動詞の後にもってくればよかった。

ケンゴ | はい、私のアシスタントが予約しました。
アベ ケンゴと申します。

受付 | はい、アベさん、どうぞそこにお掛けになってお待ちください。
順番が来ましたらお呼びします。

> 「お掛けになって」は、再帰動詞の sentarse を用いている。sentarle ではないので、気をつけないといけないな。
> cuando は英語の when。時を表す副詞節を作る。英語では「時、条件を表す副詞節では未来形は使わない」と習った。すなわち、未来のことに関し when を使って話すときは現在形を用いた。スペイン語では、未来の時を表す副詞節の場合、接続法現在形を用いると習った。逆に言えば、接続法を使って話していれば、未来のことを話しているとわかり、便利だ。コツがつかめてきたぞ。

***

看護師 | アベさん、どうぞ、お入りください。

> pase はよく聞く表現だ。メキシコでは動詞 pasar の usted に対する命令形 pase に le をつけて pásele と言う人がいる。これは口語表現で文法上は pase という命令形だ。

***

医師 | こんにちは、アベさん。

ケンゴ | こんにちは、ドクター。

医師 | どうされましたか？

Kengo: **Me duele el estómago desde anteayer.
Aunque tomé medicamento, no me he mejorado.**

I have a stomach ache since the day before yesterday.
Although I took medicine, I don't feel better.

Médico: **¿Tiene usted diarrea o náuseas?**

Do you have diarrhea or nausea?

Kengo: **Sí, tengo diarrea y voy mucho al baño, pero no tengo náuseas.**

Yes, I have diarrhea and go to a bathroom a lot; but, I'm not nauseous.

Médico: **No es bueno.
A ver... lo voy a examinar.**

That's not good.
Well... I'll examine you.

***

Médico: **Pienso que usted tiene una infección bacteriana.
Necesita tomar antibióticos y suero oral.**

I think that you have bacterial infection.
You need to take antibiotics and oral rehydration solution (ORS).

Kengo: **¿Qué es suero oral?**

What is ORS?

Médico: **Es una bebida hidratante.
No se preocupe. Le doy ambos.
Lleve esta receta a la farmacia.**

It is a hydration drink.
Do not worry. I'll give you both.
Take this prescription to a drug store.

生活立ち上げ編 ⑮ クリニックにて

ケンゴ：一昨日からお腹が痛むのです。
薬は飲みましたが治りません。

医師：下痢、あるいは吐き気はありますか？

> 下痢と吐き気は英語の単語に近いのでわかるぞ。
> 「トイレに行きっぱなし」というときは〈ir mucho al baño〉という表現があった。
> これを使おう。

ケンゴ：はい、下痢が続いてトイレに行きっぱなしです。しかし、吐き気はありません。

医師：それは良くないですね。
どれどれ、検査してみましょう。

＊＊＊

医師：バクテリアに感染しているようですね。
抗生物質とスエロオラルを飲んでください。

> アンティビオティコス（antibióticos）は英語に近いな。「抗生物質」のことだろう。
> しかし、スエロオラル（suero oral）とは何だろう。

ケンゴ：スエロオラルとは何ですか？

医師：水分補給の飲み物です。
心配なさらないでください。両方処方します。
この処方箋を薬局に持って行ってください。

> 「処方箋」は receta か。

143

3—オフィスにて   En la oficina

Edgar: **Me dijo Ana que habías ido al médico. ¿Cómo te fue?**

Ana told me that you've been to see a doctor.
How did it go?

Kengo: **Bien. Ya no tengo dolor.**

Fine.
I don't have pain any more.

Edgar: **Después de la "Venganza de Moctezuma", ya eres mexicano.**

After the "Moctezuma's revenge", you're a Mexican.

Kengo: **Sí, ¡voy a disfrutar la vida en México!**

Yes, I'm going to enjoy life in Mexico!

エドガル:　アナからお医者さんに診てもらいに行ったと聞いたんだけど。どうだった？

> また、同じ表現だ。どうだったかと聞いているな。

ケンゴ:　大丈夫だ。
　　　　もう痛くないんだ。

エドガル:　「モクテスマの復讐」がすんだから、君はもうメキシコ人だね。

> いわゆる、洗礼が済んだということか。

ケンゴ:　よし、メキシコの生活を楽しむぞ！

コラム 12
スペイン語のハードル［3］接続法

　これまでの会話ではほとんど「事実」について述べてきました。例えば「広島出身のアベケンゴです。」、「道路が混んでいたので。」、「カナスタはそこにあります。」等は全て客観的事実を表しています。

　実際の会話では、かなりの部分が事実を伝えることで用が足ります。この「事実をそのまま伝える」ときに使うのが直説法という動詞の形態（叙法）です。叙法とは話し手の心理的なスタンスのことです。スペイン語の叙法には直説法のほかに接続法や命令法があります。

　「今日は良い天気だ。」と「今日は良い天気ならいいのになあ。」の文を比べてみてください。日本語のニュアンスが違いますね。これをスペイン語に訳すとき、前者は「良い天気だ。」という「客観的事実をそのまま伝えている」ので直説法を使います。一方、後者の「良い天気ならいいのになあ。」には話者の心理的なスタンスである〈願望〉が含まれています。後者は前提としてすでに「天気が悪い」、あるいは「天気が良いかどうかわからない」状況があり、話者が頭の中に描いているその前提における願望を「良い天気ならいいのになあ。」と表現しているわけです。スペイン語ではこのようなときに接続法を使います。

　この接続法が、スペイン語を使いこなすための第3のハードルです。接続法では原則、1つの文の中に接続詞 que（英語の that に相当）をはさんで主語が2つあります。多くの場合、主節（que の前の部分）に使われる動詞の意味によって、従属節（que 以下の部分）の動詞の活用が直説法になるか接続法になるかが決まります。少し複雑に感じられるかもしれませんが、シーン 13 - 4 のアナの説明にあった「良い一日をお過ごしください。」を思い出してください。

　　　　Yo **deseo** *que* usted tenga un buen día.
　　　　（あなたが良い一日をお持ちになることを私は願います。）
　　　　　⇨「良い一日をお過ごしください。」

　この例では、願望を表す動詞 desear（願う）を使い、話者（yo）の思い〈願望〉が que をはさんであなた（usted）に対して表現されています。このため tener

の usted の接続法現在形 tenga が用いられています。「あなたが良い一日を過ごすこと」を願うけれども、これが実現するかどうかは話者にはわからないことです。不確かで仮定的な願望といえます。このように、話者が自分以外の人や事物について仮定的に「頭の中に描いた思いを述べる」ときには接続法を用います。

　それでは話者が自分のことについて「良い一日を過ごしたい」と表現するにはどうしたらよいでしょうか。話者自身の行動や事実を述べるときには接続法を使いません。動詞の原形を用います。
　　　　Yo **deseo** tener un buen día.

　接続法を用いる基準には様々なものがあります。主な用例を以下にあげておきます。

1. 主節に願望・命令・依頼・禁止・感情などを表す語句がある
   Nosotros **queremos** que el equipo gane el campeonato. 〈願望〉
   （私たちはそのチームに勝ってもらいたい。）

   Dile que venga a tiempo. 〈命令〉
   （時間通りに来るように彼に話して。）

   Te **pido** que me escuches. 〈依頼〉
   （私の言うことを聞いてくれるよう頼むよ。）

   Te **prohíbo** que comas en esta sala. 〈禁止〉
   （この部屋で食事することを禁じます。）

   Tengo miedo de que él me engañe. 〈感情〉
   （私は彼が私をだますのではないかと恐れている。）

2. 主節に否定・疑問などを表す語句がある
   No creo que venga él. 〈否定〉
   （彼が来るとは思わない。）

   Yo **dudo** que él lo entienda. 〈疑問〉
   （私は彼がそのことを理解しているかどうか疑問に思う。）

3. 主節に価値判断を表す語句がある
   Es mejor que vaya al médico. 〈シーン15-1〉
   （医者に診てもらいに行くほうが良い。）

コラム12　スペイン語のハードル[3]　接続法

4. 主節に条件・譲歩・目的・時などを表す語句がある

En caso de que <u>llueva</u>, jugamos en la casa.〈条件〉
（雨の場合は、家の中で遊ぼう。）

⇨ si で導かれる実現可能な条件のケースは直説法

Si tiene algún problema, puede llamarme.〈シーン6-3〉
（何か問題があれば、電話してください。）

Aunque <u>haga</u> calor, vamos a llevar camisa de mangas largas.〈譲歩〉
（たとえ暑くても、長袖のシャツを着ていこう。）

⇨ 事実について言及するときは直説法

Aunque tomé medicamento, no me he mejorado.〈シーン15-2〉
（薬は飲みましたが治りません。）

¿Puedes hablar despacio **para que** te <u>entienda</u>?〈目的〉
（君の言っていることがわかるように、もっとゆっくり話してくれないか？）

Cuando <u>vengas</u> a mi casa, vamos a cenar juntos.〈時：未来〉
（君が私の家に来るとき、一緒に夕食を食べよう。）

「頭の中に描いた思いを述べる」接続法を身につければ表現の幅が広がります。ネイティブとより円滑なコミュニケーションが取れるようになるでしょう。

コラム 13
シンプルな返事あれこれ

　各シーンにおいてシンプルで様々な返事がありました。ここによく使われる表現を集めてみました。これらのニュアンスを知るとスペイン語会話がよりよく理解できることでしょう。

1. Ah, bueno.*　　　　　(*oh, really* / ああ、そうですか)

    話し手の言うことにあいづちを打つ。特に自分の意見はない。

    Tengo cita con mi jefe esta noche.
    (今晩、上司と約束があります。)

    Ah, bueno. ¿A qué hora regresas?
    (ああ、そう。何時に帰ってくるの？)

2. Así es.　　　　　(*that is right* / その通り)

    話し手の意見に対するあいづちや質問に対しての肯定の返事

    Este lado es para las bicicletas, ¿no? － *Así es.*
    (こちら側は自転車専用ですよね？)　　　　　　(その通りです。)

3. Bien.　　　　　(*good* / 良いです)

    健康状態や物事の状況などへの質問に対して、問題がないことを伝える

    ¿Cómo está tu negocio? － *Bien, gracias.*
    (お仕事はどうですか？)　　　　　(うまくいっていますよ、ありがとう。)

4. Claro.　　　　　(*sure* / もちろん)

    話し手の意見や提案に賛同する返事

    El próximo viernes, vamos a hacer una fiesta. － *Claro.*
    (来週金曜日、パーティーを開こう。)　　　　　　　(もちろん。)

5. ¿Cómo no?　　　　(*why not?* / 承知しました)

    話し手の誘いや願いを快く受け入れる

    ¿Puedo llevarme esta revista? － *¿Cómo no?*
    (この雑誌を持っていってもいい？)　　(いいとも。)

6. Con mucho gusto.　　　(*my pleasure* / よろこんで)
　　　話し手の誘いや願いを快く受け入れる
　　　¿Puede llevar las maletas a mi habitación? － *Con mucho gusto.*
　　　(それらのかばんを私の部屋まで運んでもらえますか？)　　　(よろこんで。)

7. Correcto.　　　　　　(*correct* / その通りです)
　　　話し手が言っていることが正しいとき
　　　Ella es de Chile, ¿verdad?
　　　(彼女はチリ出身ですよね？)

　　　Correcto. Ella trabajaba como maestra allá.
　　　(そのとおり。むこうで教師として働いていました。)

8. De acuerdo.　　　　　(*agree* / 同意する)
　　　話し手の提案に同意するとき
　　　Vamos a compartir la cuenta. － *De acuerdo.*
　　　(食事代は割り勘にしませんか？)　　　(いいですよ。)

9. Es verdad.　　　　　　(*it is true* / それは本当です)
　　　真実・事実を肯定するとき
　　　Dicen que ayer hubo un accidente en la autopista. － Sí, *es verdad*.
　　　(昨日、高速道路で事故があったそうですが…。)　　　(はい、本当です。)

10. Está bien.　　　　　　(*it's OK* / それで良いです)
　　　話し手の言うことに納得・承知する
　　　Se me olvidó traer el libro que me prestaste.
　　　(貸してもらった本を持ってくるのを忘れてしまいました。)

　　　Está bien. No te preocupes.
　　　(いいですよ。心配しないで。)

11. Gracias.　　　　　　　(*thank you* / ありがとう)
　　　感謝の念を伝える
　　　Aquí tiene su boleto. － *Gracias.*
　　　(あなたの切符です。)　　　(ありがとう。)

コラム13 シンプルな返事あれこれ

12. Muy bien.   (*very good* / 大変よいです)

　　問題がないことを強調して伝えたいとき

　　¿Cómo está tu hijo? － *Muy bien*, gracias.
　　(あなたの息子さんは　　　(とても元気です。ありがとう。)
　　お元気ですか？)

13. Perfecto.   (*perfect* / 結構です)

　　話し手の提案に完全に同意する場合

　　Nos vemos a las ocho en el parque. － *Perfecto*.
　　(公園で8時に待ち合わせましょう。)　　(そうしましょう。)

14. Por supuesto.   (*of course* / もちろんです)

　　話し手の質問に対して当然のこととして答える

　　¿Trabajas mañana? － *Por supuesto*.
　　(君、明日働くの？)　　(もちろんだよ。)

15. Puede ser.   (*can be* / そうかもしれません)

　　話し手の言うことを一応肯定するが、100%の同意ではない

　　Creo que este modelo es el mejor. － *Puede ser*.
　　(この機種が最高だと思うよ。)　　(そうかもね。)

16. Sí.   (*yes* / はい)

　　話し手の意見や質問に対して肯定する場合の一般的な答え方

　　¿Trabaja usted en esta tienda? － *Sí*.
　　(この店で働いておられますか？)　　(はい。)

＊表現1は特にメキシコで使われる。

生活エンジョイ編

シーン 16 CD購入
Comprar CD

1—オフィスにて   En la oficina

Kengo: Edgar, ¿dónde podemos comprar un CD en esta ciudad?

Edgar, where can we buy a CD in this city?

Edgar: Se vende en las tiendas de discos.
Hay una en el centro comercial.

They are sold in CD shops.
There is one in the shopping center.

Edgar: Te llevo después del trabajo.

I'll take you to the shop after work.

Kengo: ¡Gracias, vamos!

Thank you. Let's go!

2—ミュージックショップにて   En la tienda de disco

Dependiente: Buenas noches.
¿Busca algo especial?

Good evening.
Are you looking for something special?

Kengo: Sí, estoy buscando un CD de música que sea típica de México.

Yes, I am looking for a CD of typical Mexican music.

152

16 CD購入 — 生活エンジョイ編

そろそろメキシコ生活にも慣れてきたので、ローカルソングでも聞いてみるか。

ケンゴ: エドガル、この街ではどこで CD を買うことができるの？

エドガル: ミュージックショップで売ってるね。
ショッピングセンターに 1 軒あるよ。

店を特定せず、1 軒あると言っている。だから動詞 estar ではなく、haber を使ったな。

エドガル: 仕事が終わったら店に連れて行ってあげるよ。

助かった。

ケンゴ: ありがとう、一緒に行こう！

店員: こんばんは。
何かお探しですか？

典型的なメキシコ音楽の CD が欲しいな。欲しいものは頭の中に思い浮かべているけれども、それが実際にあるかわからない不確かな状態なので接続法だな。ここでは ser の 3 人称の接続法現在形の sea だ。よし、使ってみよう。

ケンゴ: はい、典型的なメキシコ音楽の CD を探しています。

153

Dependiente: Bueno, tenemos muchos como mariachi, ranchera, banda y bolero... Están aquí.

OK, we have typical Mexican music such as mariachi, ranchera, banda and bolero... They are here.

Kengo: Son muy tradicionales.
¿Hay música más moderna?

They seem to me very traditional.
Is there any music which is more modern?

Dependiente: Aquí tenemos Mijares quien es muy popular en México.
Él canta música moderna aunque es veterano.

Here is Mijares who is very popular in Mexico.
He sings modern music though he is a veteran.

Kengo: Bien.
A propósito, ¿cuál es la música que estamos escuchando?

Good.
By the way, what is the music which we're hearing?

Dependiente: Es Shakira.
¿Le gusta su música?

It is Shakira.
Do you like her music?

Kengo: Sí, me gusta.

Yes, I like it.

Dependiente: Ella es colombiana y también baila muy bien.
Tenemos su DVD, si quiere.

She is Colombian and dances well too.
We have her DVD's as well, if you like.

16 CD購入

店員: そうですか、マリアッチ、ランチェラ、バンダ そして ボレロ…といったのがここにありますよ。

> マリアッチは聞いたことがあるが、その他はあまりなじみがない民謡のようだな。ポップスのような現代的なジャンルはないのかな。

ケンゴ: それらは非常に伝統的なものですね。
もっと、現代的なのはありませんか？

店員: ここに、ミハーレスがあります。メキシコでは大変人気がありますね。
彼はベテランですけど現代的な曲を歌いますよ。

> ミハーレスか。聞いたことないが聴いてみるか。ところで、今流れているこの曲は誰の曲かな？

ケンゴ: いいですね。
ところで、今かかっている曲は何ですか？

店員: シャキーラです。
彼女の曲、気に入りましたか？

> 非常にポップな曲だ。好みだ。

ケンゴ: はい、好みの曲です。

店員: 彼女はコロンビア人で踊りも上手ですよ。
もしお好きでしたら、彼女の DVD もありますよ。

> コロンビア人か。ラテンアメリカはブラジルを除いてほとんどスペイン語圏なので、音楽も共有できるってことか。

155

Kengo: Ustedes latinoamericanos comparten la lengua y pueden tener éxito a nivel internacional.

People from Latin America share a language, and can have success on an international level.

Dependiente: Así es. Por ejemplo, tenemos un CD de Ricardo Arjona. Es guatemalteco, y su país, Guatemala, está al sur de México.

That's right.
For example, we have a CD by Ricardo Arjona, who is from Guatemala, which is a country to the south of Mexico.

Kengo: Música latina, ¡qué tanta variedad hay! Me los llevo.

Latin music, there is so much variety!
I'll take them all.

ケンゴ:　ラテンアメリカ諸国のみなさんは言葉を共有されていて、国際的なレベルで成功することが可能なのですね。

店員:　そうですよ。
例えば、リカルド・アルフォナのCDもあります。彼はグアテマラ人で、彼の国であるグアテマラはメキシコの南に位置しています。

> 今度はグアテマラの歌手か。なんとバラエティに富んでいるのだろう。これらまとめて聴いてみよう。

ケンゴ:　ラテン音楽、なんとバラエティに富んでいるんだ！
それらを頂きます。

生活エンジョイ編 ⑯ CD購入

157

シーン 17 水泳
Natación

1—オフィスで   En la oficina

Ana: Sr. Abe, ¿le gusta la comida mexicana?

Mr. Abe, do you like Mexican food?

Kengo: Me gusta mucho, pero me parece grasosa.
Estoy subiendo de peso. Tengo que hacer ejercicio.

I really like it, but it seems greasy to me.
I'm gaining my weight. I have to exercise.

Ana: ¿Qué tipo de deporte le gustaría hacer?

What type of sports would you like to do?

Kengo: Me encanta nadar.
En Japón es muy popular la natación y lo aprendemos desde que somos niños.

I love to swim.
In Japan, swimming is very popular. We learn to swim since we are children.

Ana: Hay una alberca cerca de la oficina.

There is a swimming pool near the office.

Kengo: ¿Dónde?

Where is it?

17 水泳

アナ：アベさん、メキシコ料理はお好きですか？

メキシコ料理はおいしいが、少し太り気味だな。運動しなくっちゃ。

ケンゴ：大好きですよ。しかし脂肪分が多いように感じるね。
最近、太り気味なんです。運動をしないといけないな。

アナ：どのようなスポーツをされたいのですか？

運動と言えば水泳だ。全身運動で、かつ1人で好きなときに楽しめるからね。日本ではポピュラーだ。

ケンゴ：泳ぐのが大好きですね。
日本では水泳は非常に人気があって、子供のころから習うんですよ。

アナ：オフィスの近くにもプールがありますよ。

プールは piscina と習ったが、メキシコでは alberca と言うようだ。そういえば、ホテルのプールには alberca と書いてあったな。

ケンゴ：どこに？

Ana: **Al salir de la oficina, a mano derecha y siga derecho a una cuadra hasta que encuentre un semáforo. A la izquierda del semáforo, va a encontrar un edificio grande que se llama Club Gimnasio Salamanca. Allá hay una alberca.**

When you go out of the office, turn right and go straight for one block until you come to a traffic light. To the left of the light, you'll see a building called Salamanca Gymnastic Club. There is a swimming pool there.

Kengo: **Excelente. Voy a visitarla este sábado.**

Excellent. I'll stop by this Saturday.

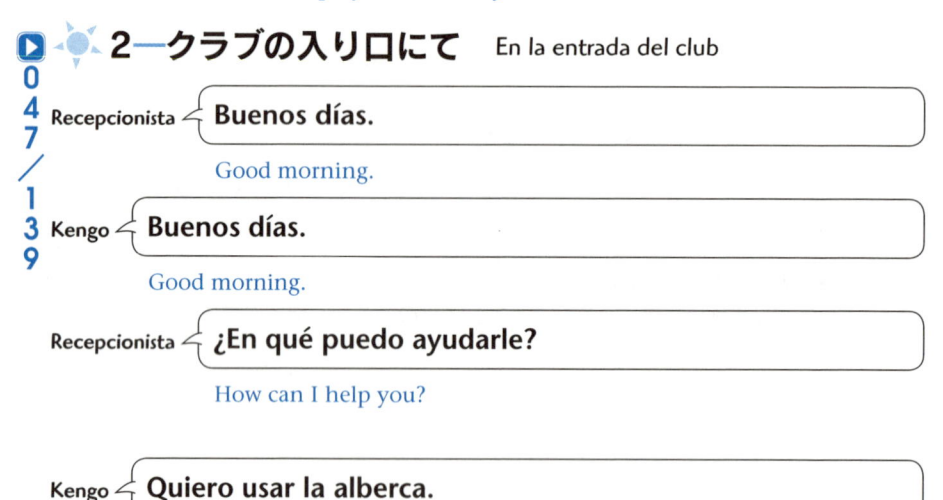

2—クラブの入り口にて　En la entrada del club

Recepcionista: **Buenos días.**

Good morning.

Kengo: **Buenos días.**

Good morning.

Recepcionista: **¿En qué puedo ayudarle?**

How can I help you?

Kengo: **Quiero usar la alberca. ¿Cuánto cuesta?**

I would like to use the swimming pool. How much is it?

アナ: オフィスの外に出て、右手に進み、信号機まで1ブロックまっすぐ進んでください。信号機を左へ進むと、大きな建物が見えてきます。「サラマンカスポーツクラブ」という名前です。あちらに、プールがあります。

〈al＋動詞の原形〉は「…するとき/…したとき」という、時点を表す表現だった。動詞を人称変化させなくてよいので便利だ。
〈a mano + derecha/izquierda〉は「右手/左手」ということで、日本語の発想と同じだ。今週末に行ってみよう。

ケンゴ: 素晴らしい。この土曜日に行ってみます。

受付: おはようございます。

ケンゴ: おはようございます。

受付: ご用件は何でしょうか？

まず、料金を尋ねてみよう。お決まりの'¿Cuánto cuesta?'から始めよう。

ケンゴ: プールを使用したいのですが、おいくらですか？

Recepcionista: **Primero, puede usted usar la alberca por una hora.
Si le gusta, puede hacerse miembro del club.
El costo de la membresía es de 850 pesos mensuales y puede venir cuando guste.
Normalmente cobramos inscripción, pero este mes estamos en promoción y no necesita pagarla.**

First, you try the swimming pool for an hour.
If you like it, you can become a club member.
The membership cost is 850 pesos per month and you can come whenever you like.
Normally we charge pay the admission fee, but this month we have a sales promotion, and you don't need to pay.

Kengo: **Bien. Entonces déjeme probar.**

Good. In that case let me try it out.

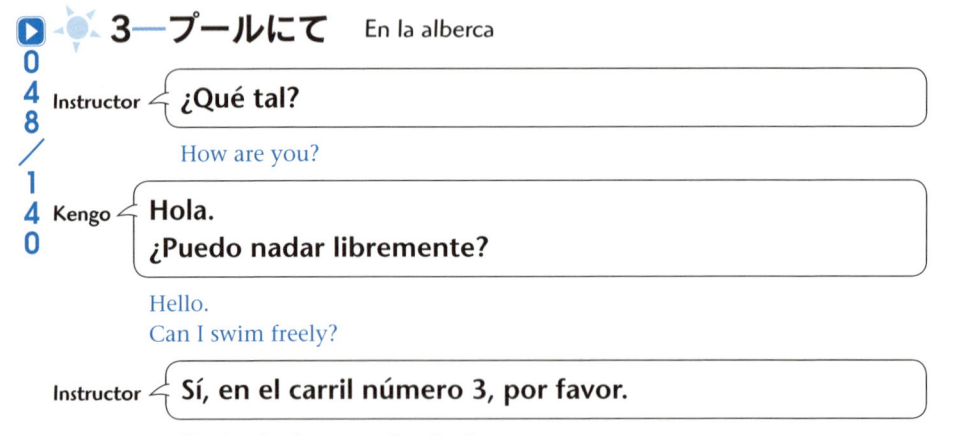

3—プールにて   En la alberca

Instructor: **¿Qué tal?**

How are you?

Kengo: **Hola.
¿Puedo nadar libremente?**

Hello.
Can I swim freely?

Instructor: **Sí, en el carril número 3, por favor.**

Yes, in the lane number 3, please.

***

受付 | 最初に1時間ほどプールを使用することができます。
もし気に入っていただければ、メンバーになっていただけます。
メンバーシップの費用は月に850ペソです。そして、いつでもおいでいただけます。
通常は入会金を支払っていただきますが、今月はプロモーションをやっておりますので、お支払いは不要です。

> お試しができて、今なら入会金無料といったところか。営業戦略はメキシコでも同じようだ。プロモーションとは便利な言葉だ。今度から、こちらからも逆に使って値切ってみよう。

ケンゴ | わかりました。まず、試させてください。

インストラクター | やあ、どうですか？

ケンゴ | こんにちは。
自由に泳いでもいいのですか？

インストラクター | はい、3コースでお願いします。

> 3コースだな。「コース」はcarrilか。クロールで泳いでみよう。

***

生活エンジョイ編 ⑰ 水泳

Instructor: **Usted nada muy bien. Es recomendable nadar en diferentes estilos—libre, pecho, espalda y mariposa cada veinticinco metros.**

You swim very well.
We recommend that you swim in different styles—free, chest, back and butterfly every twenty five meters.

Kengo: **Gracias por el consejo.**

Thank you for the advice.

***

Kengo: **Tiene razón. Siento que estoy usando todo el cuerpo.**

You're right. I feel like I'm using my whole body.

Instructor: **Sí, es el motivo porque usamos los cuatro estilos.**

Yes, that's the reason why we use the four styles.

インストラクター: 上手に泳がれますね。
25メートル毎に、クロール、平泳ぎ、背泳ぎ、そしてバタフライといった異なったスタイルで泳ぐと良いですよ。

（ケンゴ心中）: libre は「自由」の意味だから、自由形で「クロール」。pecho は「胸」だから「平泳ぎ」。espalda は「背中」だから「背泳ぎ」。そして mariposa は「蝶」だから、英語の butterfly で「バタフライ」そのものだ。よし、4つのスタイルを繰り返して泳ごう。メドレーだ。

ケンゴ: アドバイス、ありがとうございます。

＊＊＊

（ケンゴ心中）: 水泳は全身運動だが、メドレーで泳ぐと、体の隅々まで動かしているように感じるな。

ケンゴ: おっしゃる通り、体全身を使っているように感じますね。

インストラクター: そうなんです。それが4つのスタイルを使う目的なんですよ。

シーン 18 — パーティー
Fiesta

1 — オフィスで　En la oficina

Edgar: Kengo, voy a hacer una fiesta en mi casa el próximo viernes por la noche.
¿Puedes venir?

Kengo, I'm having a party at my house next Friday night.
Can you come?

Kengo: Con mucho gusto.
¿A quién más invitaste?

Sure.
Who else did you invite?

Edgar: A mis amigos y algunos compañeros de la empresa.
Solamente va a haber diez personas.

My friends and some colleagues of the company.
There's only going to be about 10 people.

Kengo: ¿Qué llevo a la fiesta?

What should I bring to the party?

Edgar: Lo que quieras traer.

Whatever you want to bring.

2 — エドガルの家にて　En la casa de Edgar

Edgar: Buenas noches, Kengo. Pasa, por favor.

Good evening, Kengo. Come in, please.

生活エンジョイ編 **18** パーティー

エドガルが何やら嬉しそうにしているぞ。

エドガル｜ケンゴ、次の金曜日の夜、自宅でパーティーを開くんだけど、来られる？

パーティーへのお誘いか。もちろん、OK だ。でも誰が来るのだろう。

ケンゴ｜喜んで。
他に誰をよんでるの？

エドガル｜僕の友だちと、会社の同僚だよ。
10 名だけ。

何か持っていかないと。

ケンゴ｜パーティーへは何を持っていけばいい？

エドガル｜好きな物でいいよ。

エドガル｜こんばんは、ケンゴ。さあ、どうぞ。

人を招き入れるときは pasar だった。tú に対する命令形を使ったな。

Kengo: Buenas noches, Edgar. Gracias por invitarme.

Good evening, Edgar. Thank you for inviting me.

Edgar: Son las 8:00 pm. Eres muy puntual.

It is 8:00 pm. You are very punctual.

Edgar: Los demás todavía no han llegado. Vamos a esperar un rato más.

The others have not arrived yet. Let's wait for a while.

Edgar: Mientras tanto, ¿qué quieres tomar? Tenemos cerveza, vino, refrescos...

Meanwhile, what do you want to drink?
We have beer, wine, soft drinks...

Kengo: Una cerveza, por favor.

Beer, please.

***

Edgar: Mira, ella es Diana, mi amiga y está estudiando Derecho en la Universidad de Guanajuato.

Look, that is my friend, Diana. She is studying law at the University of Guanajuato.

***

Edgar: Diana, él es Kengo, mi compañero de la empresa.

Diana, this is Kengo, my colleague of the company.

Kengo: Mucho gusto.

Nice to meet you.

生活エンジョイ編 ⑱ パーティー

ケンゴ：こんばんは、エドガル。ご招待ありがとう。

エドガル：今、午後8時。君はいつも時間通りだね。

ほめられたのかな？

エドガル：他のみんなはまだ、集まっていないんだ。少し、待とう。

others は los demás か。

エドガル：その間、何か飲む？
ビール、ワイン、清涼飲料水…

refrescos か、今度はわかったぞ。

ケンゴ：ビールをお願い。

＊＊＊

エドガル：ほら、ディアナだ。僕の友だちで、グアナファト大学で法律を勉強しているんだ。

グアナファト大学の学生さんか。
紹介してもらおう。

＊＊＊

エドガル：ディアナ、こちらはケンゴ。会社の同僚なんだ。

「会社の」というときは前置詞 de を使うのか。〈所属〉を表すからだろう。

ケンゴ：はじめまして、よろしく。

169

Diana: Es un placer. ¿Eres de Japón?

My pleasure. Are you from Japan?

Kengo: Sí. Soy de Japón.

Yes, I'm from Japan.

Diana: ¿De qué parte de Japón?

Which part of Japan?

Kengo: De Hiroshima.

From Hiroshima.

Diana: Ah, una ciudad histórica, ¿verdad?

Ah, a historic city, right?

Kengo: Así es. Ahí cayó la bomba atómica durante la Segunda Guerra Mundial.

That is right. During World War II, an atomic bomb was dropped there.

Diana: He visto una foto de las ruinas de un edificio.

I've seen a picture of the ruins of a building.

Kengo: Creo que ese edificio que tú mencionas es la "Cúpula de la Bomba Atómica".

I think the building you mentioned is the "Atomic Bomb Dome".

Diana: Es importante conservarlo para recordar aquella tragedia, ¿no?

It is important to preserve it in order to remember that tragedy, don't you agree?

生活エンジョイ編

18 パーティー

ディアナ: こちらこそ。日本人ですか？

> いきなり tú で話すとは、やはり学生さんだ。秘書さんとは違うな。

ケンゴ: はい、日本人です。

ディアナ: 日本のどこですか？

ケンゴ: 広島出身です。

ディアナ: ああ、歴史的な都市ですね？

ケンゴ: そうですね。第二次世界大戦中に原子爆弾が投下されましたから。

> 「第二次世界大戦（la Segunda Guerra Mundial）」は歴史上よく使う言葉だからパッと口から出るようにしておかないと。

ディアナ: 建物の残骸の写真を見たことがありますよ。

> 経験なので現在完了形を使っている。英語と同じだ。
> foto は -o で終わっているが女性名詞だ。fotografía の省略形だからね。

ケンゴ: その建物は「原爆ドーム」だと思います。

ディアナ: 悲劇を忘れないために、その建物を保存することは大切なことですね。

> 英語で言う、無生物表現だ。英語では〈It is important to + 動詞の原形〉だが、スペイン語には仮主語と呼ばれる it がなく、かつ動詞の前には to をつけないので、少し物足りない感じがするが、これで OK だ。

Kengo: **Así es.**
That is right.

Edgar: **Listo. Ya podemos empezar.**
Ready. Now we can start.

Kengo: **Se ve delicioso.**
It looks delicious.

Diana: **Sí, Edgar es buen chef, ¿no?, Edgar.**
Yes, Edgar is a good chef, isn't he? Edgar.

Edgar: **Me gusta cocinar y me da gusto verlos felices con mis platillos.**
I like cooking and it makes me happy to see people enjoying my dishes.

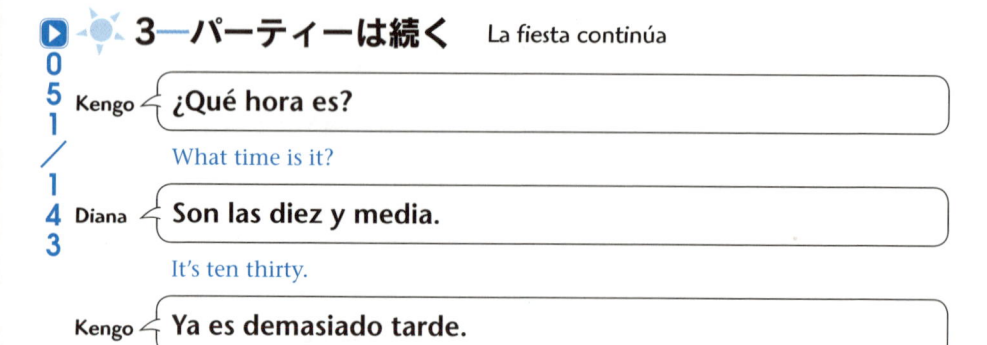

3 ― パーティーは続く　La fiesta continúa

Kengo: **¿Qué hora es?**
What time is it?

Diana: **Son las diez y media.**
It's ten thirty.

Kengo: **Ya es demasiado tarde.**
It is already pretty late.

ケンゴ：はい、その通りですね。

エドガル：準備完了。じゃ、始めましょう。

> listo か。'La comida está lista.' のような場合は主語によって性数変化した。「準備OK」、「用意はいいか？」などの場合は listo 単独で使えたな。

ケンゴ：おいしそうだな。

ディアナ：そうですね。エドガルは腕のいいシェフなんです。そうだよね、エドガル？

> 形容詞 bueno は、男性単数名詞の前に置くときは語尾の -o が落ちて buen になったな。エドガルは男性なので buen chef で正解だ。「腕の立つシェフ」という意味だ。

エドガル：料理は好きだし、僕の料理に満足したみんなの顔を見ると嬉しいんだ。

> me gusta の後には 'Me gusta esta comida.' のようによく名詞がくる。ここでは、動詞の原形がきている。英語で言う動名詞だ。動詞は原形で変化しないので英語と比べると若干物足りない感じがするが、簡単だ。
> platillo は plato の縮小辞で、メキシコでは「料理」のことだ。

ケンゴ：何時ですか？

ディアナ：10時半ですよ。

ケンゴ：もう、そんな時間か。

Kengo: **Debo irme.**
> I should leave.

Edgar: **¡Ay no!**
La fiesta acaba de empezar, Kengo.
> Oh, no.
> The party has just started, Kengo.

Edgar: **En México es normal divertirse hasta la madrugada...**
> In Mexico, it's normal to have fun until dawn...

Kengo: **Sí, cierto, ¡estamos en México, un país latino!**
> Yes, true, we are in Mexico, a Latin country!

| ケンゴ | おいとましないと。 |

| エドガル | 何を言うんだい！
パーティーは始まったばかりだよ、ケンゴ。 |

> 動詞 acabar を使って〈acabar de ＋動詞の原形〉の形をとると「…したばかりである」という意味だった。この表現は本当によく聞く。使いこなさないといけないな。

| エドガル | メキシコでは早朝まで楽しむのが普通なんだ… |

> パーティーは朝まで？やはりラテンの国だ。

| ケンゴ | ほんとだね、僕らはメキシコにいるんだ。ラテンの国だ！ |

生活エンジョイ編 ⑱ パーティー

¡Estamos en un país latino!

シーン 19 映画
Cine

1—オフィスで   En la oficina

Kengo: Edgar, me di cuenta de que hay muchos cines, y me dijo Ana que ustedes van al cine frecuentemente.

Edgar, I noticed that there are a lot of movie theaters, and Ana told me that people here frequently go to the movies.

Edgar: Claro. Lo disfrutamos mucho.

That's true. We really enjoy it.

Kengo: Últimamente no vamos al cine tanto en Japón porque tenemos DVD, y además ponen películas por Internet.

These days, we don't go to the movies a lot in Japan because we have DVD's, and besides, they've put a lot of movies on the internet.

Edgar: Sí, los tenemos también. Pero disfrutamos el tiempo con amigos y aun con desconocidos. El cine nos ofrece una buena oportunidad para hacerlo.

Yes, we have them as well, but we enjoy the time with friends and even with strangers. The movies provide us with a good opportunity to do so.

Kengo: Bueno. Quiero ir al cine también.

Well, I'd like to go to a movie too.

Edgar: Hay un cine nuevo, tipo VIP.

There's a new type of movie theater, VIP.

Kengo: ¿Qué es eso?

What is that?

> メキシコでは映画の宣伝をよく見る。この国では映画を観ることがポピュラーだと聞いたが、実際のところをエドガルに聞いてみよう。「映画を観に行く」という表現は〈ir al cine〉だった。
> 「アナから過去に聞いたこと」を話したいのだが、その内容は一般に時制の一致を受けて過去形になる。しかし、ここでは映画に行くという現在の習慣を話すので時制の一致は受けなかったぞ。

ケンゴ: エドガル、映画館が多いね。アナから聞いたんだけど、君たちはよく映画に行くそうだね。

エドガル: そうだよ。大好きなんだ。

> disfrutar「楽しむ」は再帰動詞にはならない。他動詞 divertir「楽しませる」の場合は再帰動詞 divertirse で「楽しむ」という意味になるので、間違わないようにしないといけなかったな。

ケンゴ: 最近、日本ではあまり映画に行かないんだ。DVDがあるし、インターネット配信プログラムもあるからね。

エドガル: そう、それらならここにもあるよ。だけど、僕らは友人や知らない人とさえ一緒にいる時間を楽しむんだ。映画館はそのための絶好の機会なんだ。

ケンゴ: そうだね。僕も映画館へ行ってみたいな。

エドガル: 新しいタイプの映画館ができたんだよ。VIPというんだ。

> VIPは英語の very important person だが、よく耳にする。スペイン語では exclusivo といったところだろう。

ケンゴ: それは何？

生活エンジョイ編 **19** 映画

Edgar: Es un cine con sillas muy cómodas como las de la primera clase del avión con los servicios de alimentos y bebidas. A propósito, ¿vas al cine solo?

It is a movie theater with very comfortable seats, like flying first class in an airplane. They also have food and beverage service.
By the way, are you going to the movies alone?

Kengo: Sí, porque no conozco casi a nadie en Salamanca.

Yes, because I hardly know anybody in Salamanca.

Edgar: ¿Por qué no invitas a Diana? Ustedes se cayeron bien en la fiesta.

Why don't you invite Diana?
You guys were getting along well at the party.

Kengo: Sí, pero me da pena.

Yes, but, it makes me nervous.

Edgar: No te preocupes. Voy a decirle a Diana que vaya contigo.

Don't worry.
I'll ask Diana to go with you.

2—映画館の入り口にて　En el cine

Diana: Kengo, perdóname por el retraso. Había mucho tráfico.

Kengo, sorry for the delay. There was heavy traffic.

エドガル: 飛行機のファーストクラスのような非常に快適な座席を備えた映画館で、食事や飲み物のサービスもあるんだ。
ところで、映画館へ1人で行くの？

ケンゴ: うん、サラマンカにはほとんど知り合いがいないから。

エドガル: ディアナを誘ったらどう？
君らはパーティーで気が合ってたじゃないか。

'¿Por qué no...?' は「…してはどうか？」、「…しようよ」という提案や勧誘をするときの決まり表現だ。

ケンゴ: そうだね、でも、気後れするな。

エドガル: 心配ないよ。
僕から、ディアナに君に付き合ってもらうようにお願いしてあげるから。

動詞 decir に間接目的格人称代名詞の le がついている。エドガルは「ディアナに」を強調したいのでさらに a Diana と言ったな。

ディアナはなかなか来ないな。

ディアナ: ケンゴ、遅れてごめんなさいね。渋滞してたの。

'Hay mucho tráfico.' はよく聞く表現だ。
初めてのデートだ。「着いたばかり」と言っておこう。
「…したばかり」は〈acabar de ＋動詞の原形〉を使えば良かった。

生活エンジョイ編 ⑲ 映画

Kengo: No te preocupes. Yo acabo de llegar también.
¿Cuál quieres ver?
Hay tres opciones. Ciencia ficción, comedia romántica y de terror.

Don't worry. I just got here too.
What do you want to see?
There are three options, science fiction, romantic comedy and horror.

Diana: Me gustaría la comedia romántica.

I would like to see the romantic comedy.

Kengo: Claro.

OK.

***

Dependiente: Buenas tardes.

Good afternoon.

Kengo: "Mariachi Gringo", por favor.

"Mariachi Gringo", please.

Dependiente: La siguiente comenzará a las seis y cuarto.
¿Está bien?

The next one will begin at six fifteen.
Is this OK?

Kengo: ¿Diana, está bien?

Diana, is it OK?

Diana: Bien.

Sure.

ケンゴ: 心配しないで。僕も、到着したばかり。
どれを観たい？
3つのチョイスがあるんだけど。サイエンスフィクション、ロマンティックコメディ、そしてホラー映画。

ディアナ: 私はロマンティックコメディが観たいわ。

ケンゴ: OK。

＊＊＊

館員: こんにちは。

ケンゴ: 「マリアッチ・グリンゴ」をお願いします。

館員: 次は6時15分に始まります。
それで良いでしょうか？

ディアナはOKかな。

ケンゴ: ディアナ、いい？

ディアナ: いいですよ。

Dependiente: **Entonces, ¿qué asientos? Tenemos cuatro asientos libres... dos cerca de la pantalla y otros dos atrás.**

OK, then, which seats would you like?
We have four seats available... two near the screen and the other two in the back.

Diana: **Mejor atrás, ¿no?**

It's better in the back, isn't it?

Kengo: **Sí, tomamos los dos de atrás, por favor.**

Yes, we'll take the two in the back, please.

3 — 映画館の中で　Dentro del cine

Kengo: **Me dijo Edgar que los asientos son como de primera clase. Cierto, son grandes asientos.**

Edgar told me that the seats are like the ones in first class.
It's true, these seats are big.

Diana: **Así es. Me gusta este asiento. Es muy cómodo.**

That is right. I like this seat. It's very comfortable.

Kengo: **Aquí hay un menú de bebidas y comidas. ¿Qué quieres ordenar?**

Here is a menu for drinks and food.
What would you like to order?

Diana: **Quiero palomitas con mantequilla y Sprite, ¿y tú, Kengo?**

I would like popcorn with butter and Sprite, and you, Kengo?

館員: それでは、お席はどこにされますか？
4つの席が空いています。スクリーンの近くに2席、もう2席は後ろになります。

> pantalla はパソコンモニターのことだったが、映画のスクリーンも pantalla と呼ぶのか。画像を映す物を意味するのだな。

ディアナ: 後ろの方が良いのでは？

ケンゴ: そうですね、後ろの2席をお願いします。

> 映画館にこんな大きな座席を設置するとは感動ものだ。ゆったりとした座席と言いたいが「座席」は asiento、「大きな」は grande だったな。一般にスペイン語では形容詞は名詞の後ろに置いた。asiento grande といった具合だ。その場合、単に「大きい/小さい」という性質を示していた。しかし、感情や評価を加える場合は名詞の前に置かれることもある。ここでは「本当に大きい座席だ」と感動して言いたいので、形容詞 grande は asiento の前に持って来よう。

ケンゴ: エドガルから座席はファーストクラスのようだと聞いていたんだが。
本当に、ゆったりとした座席だ。

ディアナ: そうね。私は、この座席が好きだわ。とても快適ですね。

> cómodo は英語の comfortable のことだった。

ケンゴ: ここに飲み物と食べ物のメニューがあるよ。
何を頼む？

ディアナ: バター・ポップコーンがいいな、そしてスプライト。ケンゴ、あなたは？

> 「私は」というとき、例えば、'A mí me gusta esta cerveza.' では、a mí と表現した。食事の注文等で「私は」というときは para mí だった。

生活エンジョイ編

⑲ 映画

183

Kengo: **Para mí, Coca Light y palomitas también, pero con sabor a jalapeño.
Me gusta la comida picante.**

For me, Coca-Cola and popcorn too, but with a flavor of jalapeño.
I like spicy food.

Kengo: **Vamos a llamar al mesero con este botón.**

Let's call a waiter with this button.

***

Kengo: **Ya se terminó. ¡Vámonos!**

Finished. Let's go!

4 — 映画館の外で   Fuera del cine

Diana: **Me encantó la película.**

I loved the movie.

Kengo: **Me alegro mucho de que te haya gustado.**

I am glad that you liked it.

Kengo: **Oye, ya son las ocho.
Estaba pensando… si es posible que comamos juntos.**

Wow, it is already 8 o'clock.
I was wondering… if it's possible to have dinner together.

| ケンゴ | 僕は、コカ・コーラ ライトとやはりポップコーン、だけどハラペーニョ味にしよう。辛い食べ物が好きなんだ。 |

> 日本のレストランにもある呼び出しボタンがあるぞ。これでウエイターを呼ぼう。ウエイターは camarero と習ったが、オルティスさんは mesero と言ってたな。テーブルは mesa だからね。

| ケンゴ | このボタンで、ウエイターを呼ぼう。 |

⑲ 映画

***

> 映画を主語にして、「終わる」という意味の再帰動詞 terminarse を使おう。

| ケンゴ | 終わりましたね。行きましょうか。 |

| ディアナ | 映画、とても気に入ったわ。 |

> me encantó の主語は la película で、「映画が私を魅了した」ということだ。喜んでくれて良かった。
> こんな時の返事の決まり文句は〈me alegro mucho de que + 接続法〉だった。ディアナが喜んだのは直前に完了した行為なので、接続法の現在完了形を用いよう。haya gustado だ。

| ケンゴ | 気に入ってもらえて嬉しいな。 |

> 食事に誘ってみよう。英語ではこんな時、もったいぶった長い表現を用いるが、スペイン語でも感覚的には同様のはずだ。'estaba pensando' でゆっくり始めよう。

| ケンゴ | ところで、もう8時だね。考えていたんだけど… もしよければ、一緒に食事をどうですか？ |

Diana: Estaba pensando lo mismo.

I was thinking the same thing.

Diana: ¿Dónde comemos?

Where should we have dinner?

Kengo: ¿Te gusta la comida japonesa?
Hay un buen restaurante japonés cerca de aquí.

Do you like Japanese food?
There is a good Japanese restaurant near here.

Diana: Sí, me gusta. Es popular en México, y hay muchas cadenas de esos.

Yes, I like it. It's popular in Mexico, and there are many chain restaurants that serve Japanese food.

Diana: A veces yo como en uno de esos.

I sometimes have dinner at one of them.

Kengo: Ese restaurante no es de la cadena.
Hay un chef japonés y sirve una comida japonesa auténtica.

This restaurant is not a chain.
There is a Japanese chef, who serves authentic Japanese dishes.

Diana: ¡Vamos!

Let's go!

| ディアナ | 同じことを考えていたわ。 |

| ディアナ | どこで食べましょうか？ |

「料理の美味しいお気に入りのレストラン」は感情を込め、前から buen(o) で修飾だ。

| ケンゴ | 日本料理は好き？
この近くに美味しい日本料理レストランがあるんだけど。 |

| ディアナ | ええ、好きですよ。メキシコでは人気があって、多くの日本食チェーン店ができているんですよ。 |

cadena は「チェーン」のこと。だから、日本でいうチェーン店だ。

| ディアナ | 時々そのうちの1軒で食事をすることもあるんですよ。 |

この店はチェーン店とは一味違うのだ。オーソドックスな日本料理店だからね。喜んでもらえるかな。

| ケンゴ | そのレストランはチェーン店とは違うタイプなんだ。
日本人のシェフがいて、本場の日本料理を出してくれるんだ。 |

| ディアナ | 行きましょう！ |

コラム 14
副詞を予測する

　スペイン語を勉強していて、英語とよく似ているなと思うことがありませんか。特に副詞です。シーン 19 -1 の冒頭のケンゴのセリフにある frecuentemente は英語の frequently によく似ています。50,000 語レベルのスペイン語の辞書で、副詞を作る接尾辞 -mente で終わる副詞を検索したところ、約 500 語ありました。かなりの数です。例えば、e で始まる単語には次のようなものがありました。

 económicamente
 efectivamente
 eminentemente

 * * *

 exactamente
 excepcionalmente
 excesivamente
 exclusivamente
 exhaustivamente

 * * *

これらは英語では以下の副詞に相当します。

 economically
 effectively
 eminently

 * * *

 exactly
 exceptionally
 excessively
 exclusively
 exhaustively

 * * *

英語から大まかには意味を類推できますね。スペイン語で会話中に副詞が頭に浮かばないときは英語の副詞の -ly を取り、-(a)mente をつけてみるとよいでしょう。意図が伝わることが多いです。

　この -mente で終わる副詞は、スペイン語の形容詞の女性単数形に接尾辞 -mente をつけたものです。語尾が -o で終わる形容詞 económico なら o を a に変えて〈económica + mente ⇨ económicamente〉となります。男女区別のない形容詞は、単数形に -mente をつけるだけです〈eminente ⇨ eminentemente〉。

シーン20 日本食レストラン
Restaurante japonés

1—招き猫　Maneki-neko

Kengo: Ya estamos.

We're here.

Dependiente: *Irassyaimase.*
¿Para dos personas?

Irassyaimase.
For two people?

Kengo: Sí.

Yes.

Dependiente: ¿Una mesa para dos o barra?

A table for two or at the counter?

Kengo: En la barra, por favor.

The counter, please.

Diana: Está muy bien decorado.
¿Por qué ponen un gato aquí?

It is decorated very well.
Why is there a cat here?

Kengo: Se llama "Maneki-neko".

It's called "Maneki-neko".

生活エンジョイ編 ⑳ 日本食レストラン

ケンゴ: 着きました。

店員: いらっしゃいませ。
おふたりですか？

ケンゴ: はい。

店員: 2人用のテーブルかカウンターのどちらにしますか？

ケンゴ: カウンターをお願いします。

ディアナ: とても素敵な飾り付けですね。
なぜ、ここに猫を置いてあるの？

招き猫に興味を持ったんだな。

ケンゴ: 「招き猫」というんだ。

説明は少し難しいがトライしてみよう。

Kengo: **"Maneki" significa "atraer a las personas" y "neko" significa "el gato".
Está pidiendo "más clientes".
También parece que nos está agradeciendo.**

"Maneki" means "bring people" and "neko" means "cat".
It's asking for "more customers".
It also seems that it's thanking us.

Kengo: **A propósito, ¿sabes cómo se dice "gracias" en japonés?**

By the way, do you know how we say "thank you" in Japanese?

Diana: **No.**

No.

Kengo: **Se dice "arigato".
Puedes recordar así:
No EL-gato, pero ARI-gato.**

We say "arigato".
You can remember it like this:
No EL-gato, but ARI-gato.

Diana: **Muy bien, Kengo.
Cuando vea el gato siempre recordaré "arigato" como "gracias".**

Very good, Kengo.
When I see a cat, I'll always remember "arigato" as "thank you".

2—ドンブリ   Un tazón grande

Mesera: **Aquí tienen una carta.**

Here's the menu.

192

ケンゴ:「まねき」は「人を連れてくる」ということで、「ねこ」は猫のこと。この猫は「もっとたくさんのお客さんを」と念じているんだ。僕たちに感謝しているようにも見えるね。

あ、そうだ。語呂合わせを教えてあげよう。

ケンゴ:ところで、日本語で「グラシアス」はなんというか知ってる?

ディアナ:いいえ。

ケンゴ:「ありがとう」と言うんだ。
それはこのようにして覚えられるよ。
エル・ガトーではなく、アリ・ガトー。

ディアナ:それはいいわね、ケンゴ。
猫を見たときはいつでも、「アリガトウ」が「グラシアス」であることを思い出すわ。

語学は時には語呂合わせが効果的だ。語呂合わせで覚えてしまえば楽勝さ。

ウェイトレス:こちらがメニューです。

Diana: ¿Qué me recomendarías?

What would you recommend?

Kengo: Te recomiendo "donburi", que significa un tazón grande, como "katsu-don", "tanin-don" u "oyako-don".

I would recommend "donburi", which means "big bowl"; for example, "katsu-don", "tanin-don" or "oyako-don".

Diana: ¿Qué son esos?

What are they?

Kengo: Esos son platillos con un montón de arroz, y carne de cerdo, res o pollo encima; todos se sirven con huevos revueltos.

They are dishes with a lot of rice, and pork, beef or chicken on top; all of them are served with scrambled eggs.

Diana: Me parece muy bien. Voy a tomar el de pollo.

That seems good. I'll have the one with chicken.

Kengo: Señorita, por favor.
Para ella "oyako-don" y para mí "katsu-don", por favor.

Excuse me, please.
For her "oyako-don" and for me "katsu-don", please.

Mesera: ¿Y de beber?

Anything to drink?

Kengo: Diana, ¿té japonés, está bien?

Diana, would Japanese tea be OK?

| ディアナ | 何かお勧めがありますか？ |

> 動詞 recomendar の過去未来形で丁寧にお勧めの料理を聞いている。英語では助動詞を使い、would recommend となるところだが、スペイン語では動詞そのものを活用させるのだったな。
> さて、ドンブリものを勧めよう。ドンブリの訳は「大きなお椀」でいいな。単に大小を言うには、grande を名詞の後につければよかった。

| ケンゴ | 「かつ丼」、「他人丼」、「親子丼」のようなドンブリものがお勧めだな。「ドンブリ」とは大きなお椀のことだよ。 |

| ディアナ | それらは何？ |

| ケンゴ | たくさんのごはんの上にポーク、ビーフもしくはチキンの肉をのせたものなんだ。全て卵と混ぜ合わせて調理されるんだよ。 |

| ディアナ | とても美味しそうね。チキンをお願いするわ。 |

| ケンゴ | ウェイトレスさん、お願いします。
彼女は「親子丼」、私は「かつ丼」をお願いします。 |

| ウェイトレス | お飲み物は何にいたしましょう？ |

> ここは、日本茶だな。

| ケンゴ | ディアナ、日本茶で、いい？ |

生活エンジョイ編　⑳　日本食レストラン

Diana: Claro.

Sure.

Kengo: Entonces, una tetera de té japonés y dos tazas, por favor.

Then, a pot of Japanese tea and two cups, please.

***

Kengo: ¿Te gustó la comida?

Did you like the food?

Diana: Obviamente, sí.
Hoy he disfrutado todo, y ha pasado muy rápido el tiempo.
Gracias.

Yes, obviously.
I have enjoyed everything, and time has passed very quickly.
Thank you.

ディアナ　いいですよ。

ケンゴ　それでは、日本茶を急須で、湯飲みを2つお願いします。

***

料理が気に入ったかどうか聞いてみよう。動詞は gustar の点過去形だ。la comida が主語で間接目的語は te。線過去形の gustaba にすると「ある時期好きだったか」という意味になるからね。気をつけないと。

ケンゴ　料理は気に入った？

ディアナ　言うまでもないわね、気に入ったわ。
今日はすべて楽しかったわ。あっという間に時間が過ぎちゃった。ありがとう。

obviamente は場合によっては皮肉にとられるので注意が必要だが、親しい間柄では使われると聞いていた。だいぶ打ち解けてきたぞ。

コラム 15
「ポルケ」の使い方に注意

　英語で「なぜ…ですか？」と聞くにはおなじみの「Why...?」で始め、その理由を答えるのに「Because...」を使います。スペイン語で同じやりとりをするには「¿Por qué...?」と「Porque...」を使います。

　　　¿**Por qué** ponen un gato aquí?
　　　（なぜ、猫（の置物）をここに置いているの？）

　　　Porque es una tradición japonesa.
　　　（なぜなら日本の伝統だからです。）

「¿Por qué?」と「Porque」はつづりは少し違いますが、発音は2つとも「ポルケ」です。日常会話ではこの「ポルケ」を頻繁に耳にします。上がり調子のイントネーションで「ポルケ↗」と話していれば質問をしていることが、少々力を込めて下がり調子に「ポルケ↘」と話していれば質問に答えているのだとわかります。

　¿Por qué...?「なぜ・どうして…？」の疑問文に「なぜなら…」と答えるときには上の例のように文頭に porque を置きます。一方この porque は原因・理由を述べる接続詞として主文の後にも置かれますので注意が必要です。

　　　Ponen un gato aquí **porque** es una tradición japonesa.
　　　（ここに猫（の置物）を置いているのは、日本の伝統だからです。）

　¿Por qué...? の疑問文に答えるわけでもないのに、原因・理由を述べるからといって唐突に porque を文頭に置くことはありません。例えば「明日試験があるので勉強している」と言うのに次の例は誤りです。

［誤］**Porque** tengo el examen mañana, estudio mucho.

　この場合は主文の後に porque 節を持ってくるか、英語の as に相当する como を文頭に置くのが正解です。como「…だから」は原因・理由を既定事実として文頭で述べるときに使います。

　　　Estudio mucho **porque** tengo el examen mañana.
　　　Como tengo el examen mañana, estudio mucho.

　著者の経験談です。ある日「明日その取引先と会議があるから、今日資料の準

備が必要だ」と同僚に伝えようとして、次のように言いました。

[誤] **Porque** tengo la junta mañana con el proveedor, necesito que esté listo el documento hoy.

すると同僚はこう答えたのです。

> **Porque** vamos a comprar los muebles del proveedor.
> （なぜなら、そのサプライヤーから家具を買うからです。）

　話がかみ合っていません。私が「取引先と会議があるから」という理由を述べるつもりで、唐突に porque を文頭に置いて話してしまったためです。同僚は私の言葉を ¿Por qué...? の疑問文「なぜ、明日取引先との会議があるのですか？」だと解釈し、私が質問をしているのだと理解したのです。会話では「ポルケ」の違いはイントネーションでの判断になりますから、このような誤解が発生する可能性があります。

　さて、私はどう言えば同僚に誤解をされずにすんだのでしょうか？もうおわかりですね。

> Necesito que esté listo el documento hoy **porque** tengo la junta mañana con el proveedor.
> **Como** tengo la junta mañana con el proveedor, necesito que esté listo el documento hoy.

コラム15　「ポルケ」の使い方に注意

199

シーン 21 サンタ・ロサ山脈
Sierra de Santa Rosa

1—オフィスの食堂にて　En el comedor de la oficina

Edgar:
> Estás trabajando mucho.
> Creo que necesitas unas vacaciones.
> ¿A dónde quieres ir?

You are working a lot.
I think you need a vacation.
Where do you want to go?

Kengo:
> Me encanta mirar pájaros.
> ¿Hay lugares donde puedo hacerlo?

I love to watch birds.
Are there any places where I can do that?

Edgar:
> Ah, entiendo. Te gusta la observación de las aves.

Ah, I understand. You like bird watching.

Edgar:
> Yo conozco dos buenos lugares, relativamente cerca de aquí.
> Se llaman "Sierra de Santa Rosa" y "Sierra Gorda".

I know two good places, which are located relatively close.
They are called "Sierra de Santa Rosa" and "Sierra Gorda".

Kengo:
> Exactamente, ¿dónde?

Where, exactly?

生活エンジョイ編

㉑ サンタ・ロサ山脈

エドガル 君は働きすぎだね。
休暇を取ったらどう。
行ってみたいところあるの？

ケンゴ 鳥を見るのが大好きなんだけど、それをできるところがあるかな？

エドガル ああ、そうなの。バードウォッチングが好きなんだ。

「バードウォッチング」は observación de las aves か。ave は女性名詞だから las aves だ。

エドガル ここから比較的近いところで良い場所を 2 か所知っているよ。「サンタ・ロサ山脈」と「ゴルダ山脈」。

ケンゴ 正確にはどこ？

エドガルがスマートフォンを取り出して調べ始めた。日本と同じだ。

201

Edgar: Vamos a verlo por Internet.
Esta es la Sierra de Santa Rosa, y el lugar que te recomendaría está aquí, el parque de "Las Palomas", y está muy cerca de la ciudad de Guanajuato.

Let's have a look online.
This is Sierra de Santa Rosa, and the place I would recommend is here, "Las Palomas" park, and it is very close to Guanajuato.

Kengo: Muy bien, y ¿dónde está la otra?

OK, where's the other one?

Edgar: La Sierra Gorda está entre los cuatro estados, Guanajuato, Hidalgo, San Luis Potosí y Querétaro.

La Sierra Gorda is in parts of four states, Guanajuato, Hidalgo, San Luis Potosí and Querétaro.

Edgar: El lugar que te recomiendo está aquí, el "Sótano del Barro". Es una sima que está dentro de las montañas de Sierra Gorda en Querétaro.

The place I recommend, "Sótano del Barro", is here. It is a sinkhole which is located in the Sierra Gorda Mountains in Querétaro.

Edgar: Hay una variedad de fauna y flora increíbles, pero está un poco lejos de aquí.

There is an incredible variety of wildlife, but it's a little far from here.

Kengo: Me gustaría conocer los dos lugares contigo.
Primero "Las Palomas" y después el "Sótano del Barro".
¿Qué te parece?

I'd like to visit the two places with you.
First "Las Palomas" and later the "Sótano del Barro".
How does that sound?

| エドガル | インターネットで見てみよう。これがサンタ・ロサ山脈。そして、勧めたい場所はここだ「ラス・パロマス公園」。グアナファト市から非常に近い所なんだ。 |

動詞 recomendar の過去未来形 recomendaría で控えめな提案のニュアンスを出しているな。

| ケンゴ | ＯＫ。もう１つはどこ？ |

| エドガル | ゴルダ山脈はグアナファト、イダルゴ、サンルイスポトシ、そしてケレタロの４つの州にまたがっているんだ。 |

この山脈は４つの州にまたがっているのか。

| エドガル | お勧めの場所はここだ「ソタノ・デル・バーロ」。ケレタロのゴルダ山脈の中にあるドリーネなんだ。 |

cima は「頂上」、sima は「ドリーネ（すり鉢状くぼ地）」と呼ばれる陥没した穴だ。

| エドガル | バラエティに富むすばらしい動植物が存在するんだけど、ここから少し遠いな。 |

fauna y flora はエコツーリズムが盛んな中南米ではよく聞く表現だ。
エドガルがどう思うかわからないので、quiero ではなく少し控えめに me gustaría で始めよう。

| ケンゴ | それら２か所に一緒に行けたらいいな。
最初に「ラス・パロマス」。次に「ソタノ・デル・バーロ」はどう？ |

Edgar: **Claro. Nos vamos juntos.**

Sure. Let's go together.

2—車での移動   Viaje en el coche

Kengo: **¿Ahora a dónde nos estamos yendo?**

Now, where are we going?

Edgar: **A la ciudad de Guanajuato.**
La siguiente caseta es la entrada de la ciudad.

To the city of Guanajuato.
The next tollgate is the entrance to the city.

Kengo: **¿Cuántos minutos más se tarda para llegar a Las Palomas?**

How many minutes more does it take to get to Las Palomas?

Edgar: **Treinta minutos más.**

Thirty minutes more.

3—公園内で   En el parque

Kengo: **En Japón, dicen que México es un país de desiertos, pero actualmente aquí está lleno de vegetación, Edgar.**

In Japan, they say that Mexico is a country of deserts, but actually there's a lot of vegetation, Edgar.

Edgar: **¿Cómo no? Hay muchos lugares verdes en México.**

Why not? There are a lot of green places in Mexico.

***

Guía: **¿Ustedes vienen de Salamanca?**

Are you guys from Salamanca?

| エドガル | もちろん。一緒に行こう。 |

| ケンゴ | 今、どこへ向かっている？ |

| エドガル | グアナファト市だよ。
次の料金所が市への入り口だ。 |

> caseta は「高速道路の料金所」のことか。
> あとどれくらいかかるか聞きたいのだが、「時間がかかる」という動詞は tardar だった。
> 一般的にどれくらいかかるか表現するなら再帰動詞 tardarse で se tarda だったな。

| ケンゴ | ラス・パロマスまであと何分かかるの？ |

| エドガル | あと 30 分だな。 |

> 日本ではメキシコは砂漠のイメージだが、実際に緑が多いのには驚かされるな。

| ケンゴ | 日本では、メキシコは砂漠の国と言われているんだけど、実際には植物がいっぱいだね、エドガル。 |

| エドガル | そうだよ。メキシコには緑が多いんだ。 |

> 向こうから公園の人がやってくるぞ。予約を確認してみよう。

***

| ガイド | サラマンカからおいでですか？ |

生活エンジョイ編 ㉑ サンタ・ロサ山脈

Kengo: Sí, me llamo Kengo Abe.
Tenemos una reservación.

Yes, my name is Kengo Abe.
We have a reservation.

Guía: Así es. Me llamo Roberto. Soy guía de este parque.

That is right. My name is Roberto. I am a park guide.

Guía: Voy a enseñarles lugares bonitos.
Antes de comenzar, allá está el baño, si lo necesitan.

I'll show you beautiful places.
Before we start, there is a bathroom over there if you need it.

Edgar: Sí, gracias. Voy al baño.

Yes, thank you. I'm going to the bathroom.

Kengo: Yo también.

Me too.

***

Guía: Vamos a caminar.
Abajo hay un lago pequeño y hay un lugar para acampar.

Let's take a walk.
There is a small lake down there and there is a place for camping.

ケンゴ　はい。アベ ケンゴと言います。
　　　　予約を入れています。

ガイド　確かに。私はロベルトと言います。この公園のガイドをしています。

　　　　'Soy guía.' と言って、冠詞はつけなかったな。動詞 ser で身分・職業を表すときには冠詞はつけないのか。

ガイド　みなさんに素敵な場所をご案内しましょう。
　　　　出発の前に、もし必要でしたら、あちらにトイレがありますよ。

エドガル　はい、ありがとう。トイレに行ってきます。

ケンゴ　僕も。

***

ガイド　歩きましょうか。
　　　　下の方に行くと小さな湖があって、そこにはキャンプができる場所もあるんですよ。

　　　　acampar は文字通り camp をするところだろう。

Edgar: Kengo, sería buena idea acampar algún día.

Kengo, it would be a good idea to camp someday.

Kengo: Me encantaría.

I'd love to.

***

Guía: ¡Silencio! Oí un pájaro carpintero. Allá está.

"Shhhh", I heard a woodpecker. It's over there.

Kengo: ¿Dónde?

Where?

Edgar: Allá. ¿Ves dos árboles grandes? Está en la cima del árbol a la derecha. Ah, se fue.

Over there. Can you see two big trees? It's on the top of the tree to the right. Ah, it's gone.

Kengo: ¡Ay no...!

Oh, no!

エドガル:「ケンゴ、いつかキャンプをするには良い場所だね。」

ケンゴ:「すばらしいだろうね。」

***

ガイドの足が急に止まったぞ。

ガイド:「静かに！ キツツキの音が聞こえました。
あそこにいます。」

もう見つけたのか。でも、どこにいるのかな。見つからないぞ。

ケンゴ:「どこ？」

エドガル:「あそこだよ。大きな木が２つあるよね。見える？
右側の木のてっぺんにいるよ。
あ、行っちゃった。」

飛んでいったのか。おお、残念。
メキシコで好ましくないことや残念なことが起こるとよく「アイ ノー」と言っている。英語の I know のように聞こえるが、意味は英語の 'Oh no!' のことだった。今がこれを使うときだ。

ケンゴ:「おお、残念！」

また、ガイドの足が止まった。

生活エンジョイ編

㉑ サンタ・ロサ山脈

209

Guía: **¡Oigan!**
Es una "Chara pechigris".
Se llama "Mexican Jay" en inglés.
En la rama del árbol.

Listen!
It is "Chara pechigris".
It is called "Mexican Jay" in English.
On the tree branch.

Kengo: **Muy bonito.**
Voy a fotografiarla.

Very beautiful.
I'll take a photograph.

***

Kengo: **Edgar, gracias por traerme aquí.**
Me gustó mucho este parque.

Edgar, thank you for bringing me here.
I like this place a lot.

Edgar: **No hay de qué.**

Not at all.

ガイド　聞いてください！
今度は「メキシコカケス」です。
英語では「メキシカンジェイ」。
その木の枝にとまっています。

.rama は「枝」のことだった。よく聞く単語だ。

ケンゴ　本当にきれいだ。
写真を撮ろう。

＊＊＊

ケンゴ　エドガル、連れてきてくれてありがとう。
この公園、とても気に入ったよ。

エドガル　どういたしまして。

'De nada.' の別の表現だ。ただ、単に 'De qué.' と言う人も多いな。'De nada.' だけでは単調なのでこの表現も使っていこう。

コラム 16
命令法

　コラム9に引き続き街で見かける案内板や看板を取り上げます。これらは建物や店の情報も伝えますが、道路標識や広報のように、注意を促すときにも使われます。ある意味、命令文書です。

　そこで、スペイン語の命令文について見てみましょう。命令するのですから、命令の対象は2人称のtú、3人称のusted、ustedes です。中南米では2人称の複数形 vosotros は用いられませんから、ここではとりあげません。なお、1人称複数形 nosotros の命令は自分たちへの命令ですから「…しましょう。」という勧誘表現となります。

1. tú に対する肯定命令

　　tú に対する命令形は原則、直説法現在の3人称単数形を用います。

　　correr ⇨ corre〈命令形〉

　　例外として以下の不規則形があります。

　　decir ⇨ **di**
　　hacer ⇨ **haz**
　　ir ⇨ **ve**
　　poner ⇨ **pon**
　　salir ⇨ **sal**
　　ser ⇨ **sé**
　　tener ⇨ **ten**
　　venir ⇨ **ven**

2. usted、ustedes に対する肯定命令

　　usted、ustedes に対する命令形は接続法現在の活用形と同じです。
　　シーン21-3でガイドがケンゴとエドガルに鳥の鳴き声を聞くようにと促す場面がありました。ガイドは彼ら（ustedes）に対して ¡Oigan!（聞いてください！）と言っていましたね。

3. tú、usted、ustedes に対する否定命令

接続法現在を用います。no を文頭に置き、それぞれの人称に対する接続法現在形を続けます。

街の案内板や広報を見てみましょう。

シートベルト着用の交通標識

<u>tú に対する肯定命令の例</u>
Usalo* = usa + lo
（el cinturón de segridad）
⇨ Use it（seat belt）.

<u>tú に対する否定命令の例</u>
No arriesgues tu vida.
⇨ Don't risk your life.

＊本来 Úsalo であるが、Ú のアクセントが省略されている。

<u>tú に対する否定命令の例</u>
¡No compres pericos silvestres!
⇨ Don't buy wild parakeets!

メキシコの絶滅危惧種であるオオキボウシインコを取り上げ、野鳥のインコを買わないよう促している自然保護団体の広報

コラム16 命令法

213

usted に対する肯定命令の例
Deposite la basura en los basureros.
⇨ Place the garbage in garbage cans.

ごみを捨てないように警告する公園内の立札

usted に対する肯定命令の例
Reduzca la velocidad.
⇨ Reduce speed.

スピードダウンを促す標識

usted に対する肯定命令の例
Cuide sus pertenencias.
⇨ Watch your belongings.

所持品に目を配るよう促すサイン

コラム 16 命令法

usted に対する否定命令の例
¡No haga filas!
⇨ Don't make lines!

並ばなくてもよいように、Webでの事前予約を促す役所の掲示

usted に対する否定命令の例
Si toma no maneje.
⇨ If you drink, don't drive.

飲酒運転禁止を訴えるメッセージ

シーン 22 ゴルダ山脈
Sierra Gorda

1 — オフィスにて   En la oficina

Kengo: Edgar, me hablaste de la "Sierra Gorda", ¿lo recuerdas?
Edgar, you told me about the "Sierra Gorda", do you remember that?

Edgar: Sí, lo recuerdo. El "Sótano del Barro", ¿verdad?
Yes, I remember that. The "Sótano del Barro", right?

Kengo: Sí. ¿Cuándo podemos ir?
Yes. When can we go there?

Edgar: Cualquier fin de semana de este mes.
Any weekend this month.

Kengo: Entonces, ¿por qué no vamos el último fin de semana?
OK then. Why don't we go there for the last weekend?

Edgar: Por supuesto, no hay problema.
Of course, no problem.

Edgar: Voy a hacer reservación del hotel.
I'll make a hotel reservation.

22 ゴルダ山脈

ケンゴ：エドガル、「ゴルダ山脈」について話してくれたよね。覚えてる？

エドガル：うん、覚えてるよ。「ソタノ・デル・バーロ」のことだよね？

ケンゴ：そう。いつ、行こうか？

エドガル：今月、どの週末でもOK。

> fin de semana は「週末」だったな。たしか año（年）、mes（月）、día（日）は男性名詞だ。一方、mañana（午前）、tarde（午後）、noche（夜）、semana（週）は女性名詞だ。

ケンゴ：それなら、最後の週末はどう？

エドガル：もちろん、問題なし。

> por supuesto は「もちろん」、presupuesto は「前提・予算」、propuesto は「提案された」の意味だった。同じように聞こえるので、注意しないと。

エドガル：僕がホテルを予約しておくよ。

生活エンジョイ編

2 ― 移動途中　En el camino

Kengo: ¿Cómo se llama aquella montaña? Tiene una forma extraña en la cima.

What's the name of that mountain? It has a strange shape on top.

Edgar: Se llama "Peña de Bernal". Es el tercer monolito más grande del mundo, después del de Gibraltar y del de Río de Janeiro. Es una pieza de roca. Increíble, ¿no?

It is called "Peña de Bernal". It is the third largest monolith in the world, after Gibraltar and Río de Janeiro. It is a piece of rock. Incredible, isn't it?

Kengo: Sí, muy bonito.

Yes, very beautiful.

***

Edgar: Ahora estamos entrando a la Sierra Gorda.

We are now entering the Sierra Gorda.

Kengo: ¡Qué bonito paisaje!

What beautiful scenery it is!

***

生活エンジョイ編

㉒ ゴルダ山脈

ケンゴ：あの山はなんていうの？
頂上が変わった形をしてるね。

エドガル：「ペニャ・デ・ベルナル」と言うんだ。それはジブラルタル、リオ・デ・ジャネイロに次いで、世界で3番目に大きな岩山なんだ。1枚の岩だってさ。信じ難いよね？

〈después de...〉は「…に次いで」ということだ。ジブラルタル、リオデジャネイロの岩山は1枚の岩でできていることで有名だが、この種の山らしい。

ケンゴ：うん、とてもきれいだね。

＊＊＊

エドガル：さて、ゴルダ山脈に入ってきたよ。

ケンゴ：なんて美しい景色なんだ！

本当にきれいな景色だ。

＊＊＊

Edgar: **Ten cuidado que ahora empieza el camino sin pavimentar y el carro va a traquetear por unos minutos.**

Be careful. The unpaved road begins now and it'll be bumpy for a few minutes.

Kengo: **Entiendo...**

I understand...

***

Edgar: **Ya llegamos. Aquí pasaremos esta noche en el albergue.**

Here we are. We'll spend the night here in the hostel.

Kengo: **¿Cenamos aquí en el albergue?**

Will we have dinner here in the hostel?

Edgar: **Sí, hay una cocina atrás, y la señora va a cocinar para nosotros.**

Yes, there is a kitchen in the back, and the lady will cook for us.

3—宿泊施設にて　En el albergue

Señora: **Hola, ¿qué tal?**

Hello, how are you?

Kengo: **Hola, mucho gusto.**

Hello, nice to meet you.

***

生活エンジョイ編 ㉒ ゴルダ山脈

山脈の景色も堪能したな。そろそろ到着かな。

エドガル: これから舗装のない道に入っていくよ。しばらくの間、車ががたがた揺れるから、気をつけてね。

ケンゴ: わかった…

***

エドガル: 着いた。今晩泊まる宿泊施設だ。

やっと、到着だ。周りにレストランらしきものはないが、この施設で夕食かな？

ケンゴ: ここで夕食を食べるの？

エドガル: うん、裏にキッチンがあってね、ここのおかみさんが僕たちのために料理してくれるんだ。

おかみさんが座ってるぞ。

女主人: こんにちは、いらっしゃい。

ケンゴ: こんにちは、はじめまして。

***

Señora: Estas son sus habitaciones.

These are your rooms.

Señora: ¿A qué hora quieren cenar?

What time do you want to have dinner?

Edgar: A las seis y media de la tarde, ¿no?, Kengo.

At 6:30 in the evening if that is all right with you, Kengo?

Kengo: OK.

OK.

Señora: Ustedes van a subir al "Sótano" mañana para ver guacamayas verdes, ¿verdad?

You guys are going to climb up to "Sótano" tomorrow to see military macaws, aren't you?

Kengo: Así es.

That's right.

Señora: Tardarán tres horas a pie.

It will take three hours on foot.

Señora: En la mula, tardarían dos horas porque la mula no descansa.

With a mule, it would take two hours because the mule doesn't take a break.

Edgar: Sería mejor con la mula.

It would be better with a mule.

女主人: ここがお部屋ですよ。

山小屋のようだけど、中は個室に分かれているんだ。

女主人: 夕食は何時にしますか？

エドガル: 夕方の6時半でどう、ケンゴ？

時間を言うときには、午前か午後かを区別するために、de la mañana か de la tarde をつけて表現するんだった。

ケンゴ: OK。

女主人: みなさんはミドリコンゴウインコを見に、明日、「ソタノ」に登られるんですよね？

本題に入ってきたぞ。

ケンゴ: はい、その通りです。

女主人: 徒歩で3時間かかりますよ。

3時間の山登りはつらいな。

女主人: ムラに乗れば休みませんので約2時間で着きますよ。

en la mula と言っているので乗っていくのだろう。mula は馬に似た動物のようだな…。

エドガル: ムラで登った方がよさそうだな。

同じようにしておこう。

Kengo: **Yo también.**
I agree.

Señora: **Entonces, salen ustedes de aquí a las cuatro de la mañana. ¿Sale?**
All right, you guys will leave here at four o'clock in the morning. OK?

Edgar: **Sí, entonces, tendremos que levantarnos a las tres y media.**
Yes. In that case, we will have to get up at 3:30.

Kengo: **Muy temprano, pero está bien.**
Very early, but it's OK.

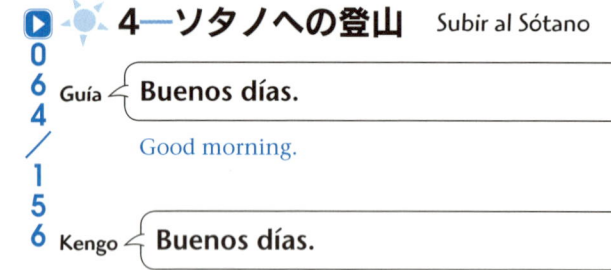

4—ソタノへの登山　Subir al Sótano

Guía: **Buenos días.**
Good morning.

Kengo: **Buenos días.**
Good morning.

Guía: **Aquí está su mula, se llama "Macho".**
Here's your mule. His name is "Macho".

Kengo: **Nunca he montado a caballo ni a mula.**
I've never ridden on a horse or mule.

Guía: **No se preocupe. La mula es muy tranquila y dócil.**
Don't worry. The mule is very quiet and docile.

ケンゴ	僕もそうするよ。

女主人	それならば、朝4時にここを出発することになりますね。いいですか？

> 'sale' はスペインの 'vale'「OK」の中南米版だ。

エドガル	はい、それなら、3時半に起きないといけないな。

> tener que で have to のことだった。

ケンゴ	非常に早いけど、OK。

ガイド	おはようございます。

> まだ、外は真っ暗だ。ムラ（mula）とは「ラバ」のことか。でも、馬にも乗ったことがないのに大丈夫かな。

ケンゴ	おはようございます。

ガイド	これがあなたのラバです。名前は「マッチョ」と言います。

ケンゴ	私は馬にもラバにも乗ったことがないのですが。

ガイド	心配しないでください。ラバは大変おとなしく、従順です。

> 'No te preocupes.' の usted に対する表現だ。この表現もよく聞くな。乗ってみるか。

Guía: Ya ve, es fácil, ¿verdad?
Tome esta cuerda.

You see. It is easy, right?
Take this rope.

Guía: Con esta cuerda, puede manejar la mula.
Para ir a la derecha, jálela a la derecha.
Para a la izquierda, a la izquierda, por favor. Es muy fácil.

With this rope, you can handle the mule.
To go to the right, pull it to the right.
To go to the left, to the left, please. It is very easy.

Kengo: ¿Salimos ya?

Are we leaving right away?

Guía: Sí, ¿va bien, señor?

Yes, are you all right, sir?

Kengo: Sí, gracias.

Yes, thanks.

***

Kengo: Señor, ¿también sube usted la montaña a caballo?

Excuse me, do you climb the mountain with a horse as well?

Guía: No, solamente en mulas porque los caballos no pueden caminar bien por las rocas.

No, only with mules because the horses can't walk well through the rocks.

ガイド: どうです、簡単でしょ？
この綱を持っていてください。

> cuerda は「綱」のことだ。

ガイド: この綱でラバをあやつれるんです。
右に行くには、これを右に引っ張ってください。
左に行くには、左です。お願いします。非常に簡単です。

> 綱を左右に引っ張ることで、かじを取るのか。意外に簡単だ。動き始めたぞ。

ケンゴ: もう、出発ですか？

ガイド: はい、いいですか、お客さん？

> 何とかなるだろう。

ケンゴ: はい、ありがとう。

***

> 調子が出てきた。馬も山を登るのかな？

ケンゴ: ガイドさん、馬でも登られるのですか？

ガイド: いいえ、ラバだけです。馬は岩の間を歩くことが苦手なんですよ。

> 本当にラバは岩だらけの間を上手に歩いて行くな。感心だ。
> さて、あとどれくらいかな。

生活エンジョイ編 22 ゴルダ山脈

227

Kengo: ¿Cuánto tiempo tardaremos más?

How much longer will it take?

Guía: Un poco más de 15 minutos.

A little more than 15 minutes.

Kengo: Buena noticia. ¡Ánimo, Macho!

Good news.
Keep it up, Macho!

***

Guía: Ya estamos.
Vamos a dejar las mulas aquí y caminaremos un rato.

Here we are.
Let's leave the mules here and walk for a while.

***

Guía: Este es el lugar donde podemos observar las guacamayas.
Las guacamayas salen cuando el sol sale.

This is the place where we can observe the macaws.
The macaws come out when the sun rises.

Kengo: Edgar, hace mucho frío, ¿no?

Edgar, it's very cold, isn't it?

Edgar: Sí, hace mucho frío cuando amanece.

Yes, it's very cold at dawn.

***

生活エンджои編 ㉒ ゴルダ山脈

ケンゴ: あと何分かかりますか？

ガイド: 15分ちょっとです。

> もう少しだ。

ケンゴ: 良い知らせだ。頑張れ、マッチョ！

***

ガイド: 着きました。
ラバはここに残して、少し歩きましょう。

> dejar は英語の leave のことだから、ラバはここへ置いていくのか。

***

ガイド: ここが、コンゴウインコを観察できる場所です。
コンゴウインコは太陽が昇るときに、巣から出てきますよ。

ケンゴ: エドガル、とても寒いね？

> 「とても」というときは、muy（副詞）ではなく mucho（形容詞）を使うんだった。frío は名詞だからね。

エドガル: うん、日の出のこの時間はとても寒いんだ。

> メキシコでは少しひんやりする時、fresco と言うが、エドガルは frío と言ったので本当に寒いと感じているのだろう。

***

Guía: ¿Han oído? Son guacamayas.
Van a salir pronto de sus nidos que están en el Sótano.
Miren, ya salen.

Did you hear? They are macaws.
Soon, they will leave their nests that are in the Sótano.
Look, they are already leaving.

***

Kengo: ¡Impresionante!
Una pareja vuela junta en perfecta sincronización.

Awesome!
A couple is flying together in perfect synchronization.

Edgar: Viene otra pareja.

Here comes another couple.

Kengo: ¡Maravilloso! ¡Es el paraíso de las guacamayas!

Wonderful! It's a paradise for the macaws.

***

Edgar: Kengo, es mejor bajar a pie para no inclinarte hacia adelante.

Kengo, it is better down to walk so as not to lean forward.

Kengo: Es cierto. Vamos a bajar a pie.

That's true. Let's walk down.

230

ガイド: 聞きましたか？コンゴウインコです。
ソタノの底にある彼らの巣からもうすぐ出て来ます。
見てください、飛び立って来ました。

'Miren.' は動詞 mirar の ustedes に対する命令形だ。「見てください」という意味だ。
いよいよ、飛び立ってくるぞ。

***

ケンゴ: すごいな！
つがいが完全に同調して一緒に飛んでくよ。

エドガル: 別のつがいが来るぞ。

ケンゴ: なんてすばらしいんだ！　コンゴウインコの天国だ！

***

さて、下山だ。登るときのように、ラバの動きに体がついて行かないぞ。

エドガル: ケンゴ、前につんのめらないように、歩いたほうがいいよ。

降りて歩いたほうがよさそうだ。ひっくり返ったらいけないからね。

ケンゴ: 本当だ。降りて歩こう。

コラム 17
感嘆文

　事実や意見に感情をこめて表現したい時には感嘆文が使われます。まずは、英語の感嘆文を思い出してみましょう。how と what を用い、文の最後に感嘆符「！」がついていました。

・how を使う表現
　　　（1）How beautiful the bird is!（その鳥はなんて美しいんだ！）
　　　（2）How fast the bird flies!（その鳥はなんて早く飛ぶんだ！）

・what を使う表現
　　　（3）What a beautiful bird!（なんて美しい鳥だ！）

　how は形容詞と副詞を強調していますが、what は形容詞＋名詞を強調しています。

　さて、スペイン語の感嘆文はどうでしょうか。スペイン語の場合は文の前後を感嘆符「¡ !」で囲みます。感嘆詞として使われる疑問詞は qué、cuánto、cómo で感嘆の対象によって使い分けがあります。主語と動詞の語順は〈動詞＋主語〉となり英語と異なります。

1. qué を使う表現
　qué は感嘆文にもっともよく用いられ、名詞、形容詞、副詞を感嘆の対象とします。how と what で使い分けのある英語とは異なるところです。

　　　¡**Qué** maravilla!〈名詞〉（なんて素晴らしいんだ！）
　　　¡**Qué** maravilloso!〈形容詞〉（なんて素晴らしいんだ！）
　　　¡**Qué** bonito es este pájaro!〈形容詞〉（その鳥はなんて美しいんだ！）
　　　¡**Qué** rápido vuela el pájaro!〈副詞〉（その鳥はなんて速く飛ぶんだ！）

シーン 22 - 2 ではケンゴが ¡Qué bonito paisaje!（なんて美しい景色なんだ！）と言っていましたね。

2. cuánto を使う表現

　数量を感嘆の対象とするときは、cuánto を用います。

　疑問形容詞の cuánto は性数変化（cuánto、cuánta、cuántos、cuántas）します。シーン 13 - 3 のマーケットでケンゴが ¡**Cuánta** gente!（すごい人だ！）と言っていますが、これは人（女性名詞 gente）の数を感嘆の対象としていますので cuánta を使っています。

　疑問副詞の cuánto は性数変化しません。

> ¡**Cuánto** pesa este paquete!
> （この荷物はなんて重いのだろう！）

3. cómo を使う表現

　cómo も数量の感嘆の対象となります（動作を伴う場合が多い）。

> ¡**Cómo** hemos tomado*!（なんて（大量にお酒を）飲んだんだ！）
>
> ¡**Cómo** llueve!（なんてよく雨が降るのだろう！）
>
> ＊ tomar「お酒を飲む」はメキシコで使用。スペインでは beber。

コラム 17　感嘆文

シーン 23 動物園
Zoológico

1—電話での会話 1　Conversación por teléfono 1

Kengo: Edgar, tengo buenas fotos de nuestro viaje a las sierras. Son tan hermosas que quiero compartirlas con mis amigos.

Edgar, I have good photographs of our trip to the sierras. They are so beautiful that I'd like to share them with my friends.

Edgar: Gracias, mándame las fotos por correo electrónico.

Thanks, send those photographs to me by email.

Kengo: Si los tamaños de las fotos fueran pequeños, por ejemplo, menos de un megabyte, podría mandártelas, pero cada foto tiene unos 3 megabytes.

If the photographs were small in size, for example, less than one megabyte, I could send them. However, each photograph is about 3 megabytes.

Edgar: Entiendo. Voy a darte una USB para que me copies las fotos. Una USB con 8 gigabytes será suficiente, ¿no?

I understand. I'll give you a USB so that you can copy the photographs for me. A USB with 8 gigabytes would be sufficient, wouldn't it?

Kengo: …

…

Edgar: Kengo, hoy estás tranquilo como Camilo.

Kengo, today you are quiet.

生活エンジョイ編 **㉓ 動物園**

ケンゴ：エドガル、山脈への旅で撮った良い写真があるんだ。とても美しいので、友人に分けてあげたいんだけれど。

エドガル：それはどうも。メールで送ってくれればいいよ。

> mándame は動詞 mandar の tú に対する命令形に間接目的格人称代名詞の me をつけた形だ。アクセントは初めの a にある。目的語がつくときは、アクセントの位置に注意が必要だった。
> さて、ファイルサイズが大きいから送れないぞ。もし、サイズが小さければ送れるのだが、ここは「現在の事実に反する仮定条件」、〈si + 接続法過去〉を使って表現してみよう。英語の仮定法過去に相当したな。

ケンゴ：もし写真サイズが小さければ、例えば 1 メガバイトより小さければね、それらを送れるんだけど、1 枚 3 メガバイト程度なんだ。

エドガル：わかった。USB を渡すから、コピーしてくれないか？ 8 ギガバイトの USB 1 つで十分だよね？

> USB はスペイン語でも USB か。発音は「ウ・エセ・ベー」に変わるけどね。USB 自体は男性名詞だけれど、memoria USB のことなので una を使ったな。

ケンゴ：……

エドガル：ケンゴ、今日は非常におとなしいね。

> tranquilo como Camilo は韻を踏んだ、相手を少しからかう口語表現だ。

Kengo: **Sí... también..., quiero compartirlas con más personas.**

Yes... also..., I want to share them with more people.

Edgar: **O sea, quieres hablar con Diana.**

Namely, you want to talk to Diana.

Kengo: **Por ejemplo.**

For example.

Edgar: **Ahora entiendo.**
Voy a pasarte su número de teléfono ahora.
Apúntalo... 123-464...

Now I understand.
I'll give you her telephone number now.
Write it down... 123-464...

2—電話での会話 2 Conversación por teléfono 2

Kengo: **Bueno, ¿Diana?, habla Kengo.**

Hello, Diana? This is Kengo.

Diana: **Ah, Kengo. Sí, soy yo, Diana.**

Ah, Kengo. Yes, this is Diana.

Kengo: **¿Puedes hablar conmigo un rato?**

Do you have time to talk with me?

Diana: **Claro.**

Sure.

ケンゴ: うん… でも… もっと多くの人に分けてあげたいんだ。

エドガル: すなわち、ディアナと話したいんだね。

やっと気付いてくれた。

ケンゴ: 例えばね。

エドガル: やっとわかった。
今、彼女の電話番号を教えてあげるから。
書き取って… 123-464 …

動詞 apuntar（書き留める）の tú に対する命令形 apunta に直接目的格人称代名詞の lo（ここでは電話番号）をつけた形だ。

メキシコでは電話をかけるほうも受けるほうも bueno で始めたな。自分のことでも動詞 hablar の3人称の habla を使って、第三者的に話すんだった。

ケンゴ: もしもし、ディアナ？ケンゴです。

ディアナ: あ、ケンゴ。はい、ディアナです。

まずは、今話せるか確認だ。

ケンゴ: 少し話せる？

ディアナ: もちろんよ。

何か新たな話を始めるときや質問に答えるときなどは、'Es que...' で始めれば良かった。

生活エンジョイ編 ㉓ 動物園

Kengo: Es que fui a la "Sierra de Santa Rosa" y la "Sierra Gorda" con Edgar.

I went to the "Sierra de Santa Rosa" and the "Sierra Gorda" with Edgar.

Diana: Muy bien... ¿cómo te fue?

That is very good... how was it?

Kengo: Muy bien. Vimos muchos animales, sobre todo las aves.

Very good. We saw many animals, especially birds.

Diana: ¿Sacaste fotos de los animales?

Did you take any photographs of the animals?

Kengo: Sí, tengo muchas. Quiero compartirlas contigo.

Yes, I have many. I would like to share them with you.

Diana: Muchas gracias. Me gusta ver los animales.

Thank you very much. I like seeing animals.

Kengo: ¿En Guanajuato, dónde ves animales?

In Guanajuato, where do you see animals?

Diana: En los parques. También en los zoológicos.

In parks, also in zoos.

Kengo: Quiero conocer esos lugares.

I would like to visit these places.

Diana: Mi tía trabaja como conservadora en el "Parque Zoológico de León". Si te parece, vamos juntos.

My aunt works in the "León Zoological Park " as curator. If you would like, let's go together.

生活エンジョイ編 ㉓ 動物園

ケンゴ: 実は「サンタ・ロサ山脈」と「ゴルダ山脈」にエドガルと行ったんだ。

ディアナ: それは良かった… どうだった？

'¿Cómo te fue?' は何か物事を行った時、うまくいったかと聞く表現だった。

ケンゴ: 良かったよ。たくさんの動物を見たんだ、特に鳥をね。

ディアナ: 動物の写真、撮った？

ケンゴ: うん、たくさんね。君に分けてあげたいんだけど。

ディアナ: どうもありがとう。私は動物を見るのが好きなのよ。

ディアナは動物が好きなのか。どこで動物が見られるか聞いてみよう。

ケンゴ: グアナファトだと、どこで動物を見られるの？

ディアナ: 公園とか。動物園でも。

ケンゴ: そういったところへ行ってみたいな。

ディアナ: 私の叔母が「レオン動物園」の学芸員として働いているんだけど、良かったら一緒に行きましょう。

コンセルバドーラ（conservadora）とは何だろう。英語の conservation に近いので、動物の保護や管理の仕事をしているのだろう。

3 — 動物園の入り口にて　En la entrada del zoológico

Kengo: Diana, estoy aquí.

Diana, here I am.

Diana: Disculpa la tardanza. Estaba hablando con mi tía.
Ella es mi tía, Claudia.
Claudia, él es Kengo.

Sorry for the delay. I was talking with my aunt.
This is my aunt, Claudia.
Claudia, this is Kengo.

Kengo: Encantado de conocerla, Sra. Claudia.

How do you do, Sra.Claudia.

Claudia: Mucho gusto, Kengo. Vamos a entrar.

Nice to meet you, Kengo. Let's go in.

4 — 動物園の中にて　Dentro del zoológico

Kengo: Mira, hay una estatua de león.
¡Qué grande!

Look, there is a statue of a lion.
How big!

Claudia: Claro. Estamos en la ciudad de León.

Certainly, we are in León.

生活エンジョイ編

㉓ 動物園

> ディアナはなかなか来ないな。ああ、やっと来た。手を振って合図しよう。

ケンゴ：ディアナ、僕はここだよ。

ディアナ：遅れてごめんなさい。叔母と話し込んでいたもんだから。
彼女が私の叔母のクラウディア。
クラウディア、彼がケンゴよ。

> 正式に挨拶しておこう。
> 誰かを紹介するとき、英語では this is... といって、he/she is... とは言わなかったが、スペイン語では él/ella es... で始めるのが普通だったな。
> クラウディアは初めて会う年上の人なので、尊敬の念を込め、既婚女性に対する敬称 señora（Sra.）を使おう。姓と姓名だけではなく名前だけにも付けるケースがあると聞いたので。

ケンゴ：お会いできて光栄です、クラウディアさん。

> encantado/da は話し手の性に合わせた。今喜んでいるのは自分だから男性形だ。
> bienvenido/da は相手の性に合わせて使うんだったな。

クラウディア：はじめまして、ケンゴ。さあ、入りましょう。

> なんて大きなライオンの像なのだろう。

ケンゴ：見て、ライオンの像があるぞ。
なんて大きいんだろう！

クラウディア：もちろん。私たちはレオン市にいるんですから。

> そうだ、レオン市の「レオン」はライオンのことだった。

Claudia: **Aquí hay un mapa del zoológico. ¿Qué quiere ver, Kengo?**

Here is a map of the zoo.
What would you like to see, Kengo?

Diana: **A Kengo le gusta ver las aves.**

Kengo likes watching birds.

Claudia: **Hay una reserva de aves.**

There is a bird sanctuary.

Kengo: **Sí, me gustaría también ver monos y osos.**

Yes, I'd like to see monkeys and bears as well.

Claudia: **Sí, hay. ¡Vamos!**

OK. Let's go!

***

Claudia: **Esta es la reserva.**

Here is the sanctuary.

Kengo: **Sí, hay cisnes y patos. ¡Hermosos!**

Wow, there are swans and ducks. Beautiful!

生活エンジョイ編 ㉓ 動物園

クラウディア: ここに動物園の地図がありますね。何を見たいですか、ケンゴ？

ディアナ: ケンゴは鳥を見るのが好きなのよ。

クラウディア: 鳥園があるわ。

鳥園があるようだ。その他、サルやクマはいるのかな。

ケンゴ: はい、サルやクマも見られたら嬉しいです。

クラウディア: ええ、いますよ。行ってみましょう！

＊＊＊

クラウディア: これが鳥園です。

白鳥が両羽を広げてのお迎えだ。このカラフルなカモは英語名で確か、Wood duck だったな。スペイン語名は pato joyuyo、pato de la Florida や pato de Carolina と言うらしい。一般に鳥の名前は英語名では1つだが、スペイン語名は地域によって違うようだ。スペイン語圏の広さを感じさせるな。
さて、鳥類は女性名詞の ave だが、cisne や pato は男性名詞だから hermoso を使えばよいはずだ。

ケンゴ: 本当だ、白鳥とカモがいる。美しいな！

243

Claudia: Allá está el área de los osos.
Hay osos negros que son de origen mexicano.

There is the bear exhibit.
There are black bears which are originally from Mexico.

Kengo: Tenemos osos similares en Japón.

We have similar bears in Japan.

***

Claudia: Vamos a aquella zona de monos.

Let's go over there to the monkey area.

Diana: Mira, un orangután nos está llamando como el gato del restaurante japonés.

Look, an orangutan is calling us like the cat in the Japanese restaurant.

Kengo: ¡Es impresionante cómo mueve su mano!
Diana, ¿recuerdas cómo se dice "gracias" en japonés?

It is amazing that it moves its hand.
Diana, do you remember how we say "thank you" in Japanese?

Diana: Sí... "Arigato".
Pienso que el orangután está diciendo "Arigato".

Yes... "Arigato".
I think that the orangutan is saying "Arigato".

クラウディア: あちらがクマのエリアですよ。
メキシコ起源の黒クマがいますよ。

メキシコ起源の黒クマか、日本のクマに似ているな。

ケンゴ: 日本にも似たようなクマがいます。

***

クラウディア: あそこのサルのゾーンに行きましょう。

次はサルのゾーンか。

ディアナ: 見て、オランウータンが日本レストランの猫のように手招きしてるわ。

本当だ、招き猫のように手を振って餌をねだっている。
ディアナは「ありがとう」の話を覚えているかな。

ケンゴ: 手を動かすなんて、感動的だな！
ディアナ、「グラシアス」は日本語で何というか覚えてる？

ディアナ: うん…「アリガトウ」だったね。
オランウータンは「アリガトウ」と言っているように思えるわ。

コラム 18
英語の仮定法はスペイン語でどうなる？

　英語で仮定法を学びました。〈現在の事実に反する〉「もし私があなただったら、…するだろう」は、

　　［誤］If I <u>am</u> you, I…

ではなく動詞の過去形を用いて、

　　　　If I **were** you, I would…

となります。
　スペイン語ではこれを直説法の過去形ではなく、接続法の過去形で表します。事実ではないことを「もし…ならば」と頭の中で仮定しているのですから原則に従えば直説法ではなく接続法です＊。英語では〈現在の事実に反する仮定〉を表す場合は、動詞は現在形ではなく、過去形を用います。時制を後ろにずらすという考え方からすれば、スペイン語で接続法現在ではなく、接続法過去になるのも感覚的にはうなずけます。
　上の英語の表現はスペイン語では

　　　　Si yo **fuera** tú, yo…

となります。

　シーン 23 -1 でケンゴが写真をメールに添付しようとして仮定的に話していました。

　　　　Si los tamaños de las fotos **fueran** pequeños, …
　　　　（もし写真サイズが小さければ、…）

実際には写真のサイズが大きくて添付できないわけですから〈現在の事実に反する仮定〉なので接続法過去です。

　少しアドバンストになりますが英語の仮定法過去完了〈過去の事実に反する仮定〉を表すには、スペイン語の接続法過去完了を用いればよいのです。英語の had（have の過去形）に相当する hubiera（haber の接続法過去）に、英語と同

246

じようにスペイン語の動詞の過去分詞を持ってくれば出来上がりです。

> If I **had been** in Mexico yesterday, I would have been to the concert of Emmanuel.
> （もし昨日メキシコにいたならば、エマヌエルのコンサートに行っていただろう。）

は、次のように表せます。

> Si yo **hubiera estado** en México ayer, (yo) habría ido al concierto de Emmanuel.

＊コラム12の4.〈条件〉の説明にあるように、siで導かれる実現可能な条件のケースは直説法となり、接続法は用いられません。

コラム18　英語の仮定法はスペイン語でどうなる？

シーン 24 コンサート
Concierto

1—電話での会話　Conversación por teléfono

Kengo: Diana, gracias por tu correo.

Diana, thank you for your e-mail.

Kengo: En el correo, me comentaste que fuéramos al concierto. Recientemente compré un CD de Mijares y me gustaron sus canciones. Ayer me enteré de que habrá un concierto en esta ciudad. ¿Te gustaría ir conmigo?

In the e-mail, you mentioned to me that we should go to a concert.
Recently, I bought a Mijares CD and came to like his music.
Yesterday I found out that he would be having a concert in this city. Would you like to go with me?

Diana: Claro, y ¿cuándo es el concierto?

Sure, and when is the concert?

Kengo: Es el viernes 14, o sea el próximo viernes.

It is Friday, the 14th, that is next Friday.

Diana: Voy a salir con mi amiga el 14, pero voy a hablar con ella para cambiar la cita.

I plan to go out with my friend on the fourteenth; but, I'll talk to her to see if we can change the date.

Kengo: Mándame un correo.

Send me an email.

24 コンサート

生活エンジョイ編

> ディアナからのメールに「いつかコンサートに行こう」と書いてあったな。よし、誘ってみよう。この間、CD 店で買ったミハーレスはどうだろう。

ケンゴ: ディアナ、メールありがとう。

> 「コメントする」は comentar だったな。tú の点過去形は comentaste だ。

ケンゴ: 君のメールにコンサートへ行けたらと書いてあったよね。最近、ミハーレスの CD を買ったんだ。彼の曲、最高だね。昨日、この街で彼がコンサートをすることを知ったんだけど、一緒に行かない？

ディアナ: もちろん。それで、そのコンサートはいつ？

ケンゴ: 14 日の金曜日。すなわち、次の金曜日だ。

ディアナ: 14 日は友人と出かける約束をしているの。でも、約束を変更できるかどうか彼女と話してみるわ。

> 先約があるのか。でも、キャンセルできるか聞いてみるということなので可能性はあるな。メールで返事をしてもらおう。

ケンゴ: メール連絡、よろしく。

2—E メールの交換　Intercambio del correo electrónico

Correo de Diana

Hola Kengo, ¿cómo estás?
Sí, puedo ir al concierto contigo. Yo cambié la cita con mi amiga.
¿A qué hora nos encontramos y dónde? Mi sugerencia es que quedemos en la entrada del auditorio a las 10:00 pm aunque anuncian que el concierto empieza a las 9:00 pm. Normalmente el cantante principal sale tarde. Podemos llegar tarde porque los asientos están numerados.
¿Te parece bien?

Hello Kengo, how are you?
Yes, I can go to the concert with you. I changed the appointment with my friend. What time and where shall we meet? I suggest that we meet at the entrance to the concert hall at 10:00 pm although they announced that the concert would start at 9:00 pm. Normally the main singer appears late. We can arrive late as the seats are all numbered.
Does that sound good to you?

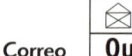

Correo de Kengo

Querida Diana:
¿Cómo te va? Gracias por tu respuesta. Estoy de acuerdo contigo.
Voy a comprar las entradas y darte la tuya cuando nos veamos. ¿Sabes si venden bebidas y comida en el auditorio?

Dear Diana, how are you doing?
Thank you for your response. I agree with you.
I will buy tickets and give you yours when we meet.
Do you know if they sell drinks and food in the concert hall?

Correo de Diana

Querido Kengo:
Cenamos en casa antes del concierto porque creo que en el auditorio venden sólo bebidas y botanas. ¡Hasta pronto!

Dear Kengo,
Let's have dinner at home before the concert as I think they sell only drinks and snacks. I'll see you soon!

生活エンジョイ編 24 コンサート

ディアナのメール

✉

こんにちは、ケンゴ、お元気ですか？
OK です、コンサートへ行けます。友人との約束は変更しました。
何時に、どこで待ち合わせますか？私の提案です。コンサートは 9:00 pm に始まるそうですが、10:00 pm に会場の入り口で待ち合わせませんか。普通、メインの歌手は遅く登場します。全指定席だから、遅く行っても大丈夫です。
どう思いますか？

やった、OK だ。だけど、メインのコンサートは開始時刻からしばらくしてのようだ。前座があるのだな。ところでこんなとき夕食はどうするのかな。合わせて聞いてみよう。

ケンゴのメール

✉

親愛なるディアナ
調子はどうですか？お返事ありがとう。提案通りにしよう。
僕が切符を買って、君の分は会った時に渡します。
会場で飲み物や食べ物を販売しているか知っている？

ディアナのメール

✉

親愛なるケンゴ
会場では飲み物とスナックしか販売していないと思うので、夕食はコンサートの前に家ですませましょう。じゃあ、また。

Querida Diana でメールを送ったからかな、Querido Kengo で返してくれた。いい響きだな。まずは家で腹ごしらえをしてコンサートだ！

3—コンサートにて   En el concierto

Kengo: Son las 11:00 pm. Como me dijiste, todavía Mijares no sale.

It is 11:00 PM. Like you said, Mijares hasn't appeared yet.

Diana: No te preocupes. Es normal en este país.
Mira, ya está comenzando.

Don't worry. It's normal in this country.
Look, now it's starting.

***

Kengo: ¿Ya se acaba el concierto?

Is the concert over already?

Diana: Creo que todavía no. Mira, están empezando la petición.

I don't think so. Look, they started calling for encore.

Audiencia: Otra, otra, otra...

Encore, encore, encore...

Kengo: Cierto. Está comenzando de nuevo.
Es igual que en Japón.

True, it's starting again.
It's just like in Japan.

24 コンサート

 　　11時になるのに、まだ始まらないぞ。

ケンゴ ── 11時だけど、君が話していたように、ミハーレスはなかなか出てこないね。

ディアナ ── 心配しないで。この国では普通だから。
見て、始まるわよ。

***

 　　すばらしいコンサートだったな。フィナーレかな。

ケンゴ ── これでコンサートは終わりかな？

ディアナ ── まだまだ。見て、アンコールを始めたわ。

 　　petición は、動詞 pedir の名詞形で「お願い」のことだ。ここでは「アンコール」のことだな。日本と同じだ。

観客 ── アンコール、アンコール、アンコール…

ケンゴ ── 本当だ。また始まったぞ。
日本と同じだ。

シーン 25 カラオケ
Karaoke

1—電話での会話 Conversación por teléfono

Kengo: Diana, me gustó mucho el concierto, especialmente el baile de su grupo. Todas las canciones y los bailes estaban muy bien sincronizados.

Diana, I really enjoyed the concert, especially his group's dancing. All of the songs and the dancing were well synchronized.

Diana: A mí también me gustó.

I enjoyed it too.

Diana: En México, nos gusta bailar y cantar.

In Mexico, we like dancing and singing.

Kengo: ¿Tú también bailas y cantas?

Do you dance and sing?

Diana: Claro. Cuando era niña, mi papá tocaba guitarra y cantaba con la familia, pero últimamente vamos al "Karaoke". Creo que es originario de Japón.

Sure. When I was a child, my father used to play the guitar and sing with the family; but, lately we go to "Karaoke". I believe that it's originally from Japan.

Kengo: Correcto. Es muy popular en Japón. Cantamos con nuestros amigos en el bar o en la sala de karaoke. Algunas familias tienen su propia máquina de karaoke en sus casas.

Correct. It is very popular in Japan. We sing with our friends in a karaoke bar or a karaoke studio. Some families have their own karaoke machine in their houses.

生活エンジョイ編

25 カラオケ

コンサートは歌も踊りも魅力的で、ピッタリ息が合っていたな。

ケンゴ：ディアナ、コンサート最高だったね。特に彼のグループの踊りがよかった。歌と踊りが完全にシンクロしていたね。

ディアナ：私も、同感。

ディアナ：メキシコでは、みんな踊りと歌が好きなのよ。

確かに、メキシコ人は踊りが好きだな。ディアナも踊ったり歌ったりするのかな。聞いてみよう。

ケンゴ：君も踊ったり歌ったりするの？

ディアナ：もちろんだわ。子供の頃は、私の父がギターを弾いて、家族で歌っていたわ。だけど、最近は「カラオケ」ね。日本が発祥の地よね。

「子供の頃は…したものだ」は、〈過去の習慣〉なので動詞の線過去形を用いて表現したな。彼女の口から「カラオケ」という言葉が出るとは思わなかったな。
「彼らの」という所有詞は su と sus の 2 つがあった。後に続く名詞が単数か複数かで使い分けたはず。気をつけて話そう。

ケンゴ：そうだね。日本ではとても人気があるんだ。友人たちと、バーやカラオケボックスで歌うんだ。自宅に専用のカラオケの機械を持っている家族もいるよ。

255

Diana: **¿Sabes cantar?**
Can you sing?

Kengo: **Claro.**
Of course.

Diana: **Cerca de mi casa hay una cafetería donde podemos cantar karaoke.**
Near my house there is a cafeteria where we can sing karaoke.

Kengo: **Muy bien. Vamos a cantar ahí. ¿Por qué no invitamos a Edgar?**
Very good. Let's sing there. Why don't we invite Edgar?

Diana: **Claro.**
Sure.

2―カラオケのあるカフェにて　En la cafetería con Karaoke

Kengo: **Edgar, ¿qué tipo de canción cantas?**
Edgar, what type of songs do you sing?

Edgar: **Cualquier canción, mariachi, banda, grupo, etc.**
Any type of songs, mariachi, banda, grupo, etc.

Kengo: **¿Cuál era la canción que estaban cantando cuando llegamos?**
What was the song they were singing when we arrived?

Edgar: **Es una canción muy popular en México.
Se llama "Entrega de amor" de Los Ángeles Azules.**
It is a song which is very popular in Mexico.
It is called "Entrega de amor" by Los Ángeles Azules.

25 カラオケ

ディアナ: 歌えるの？

ケンゴ: もちろん。

ディアナ: 私の家の近くにカラオケができるカフェがあるわ。

> エドガルを誘って一緒に行こう。エドガルが動詞 invitar の直接目的語となる。直接目的語が人のときは前に前置詞 a をつけることが必要だった。

ケンゴ: それはいい。そこで歌おうよ。エドガルを誘うのはどうかな？

ディアナ: そうしましょう。

> どんなジャンルの歌を歌いたいのか尋ねてみよう '¿Qué tipo de…?' で始めれば良かったな。

ケンゴ: エドガル、どんなジャンルの歌を歌うの？

エドガル: どんな歌でも。マリアッチ、バンダ、グルッポとか。

> 店に入ったときに歌われていた曲がメキシコ特有の曲のように感じたが、あれはどのジャンルに入るのだろう。

ケンゴ: 僕たちが来た時に、歌われていたのは何？

エドガル: メキシコで非常に人気のある歌だよ。ロス・アンヘレス・アスレスの「エントレガ・デ・アモール」と言うんだ。

Diana: Edgar, ¡vas tú!

Edgar, you go!

Edgar: Claro.

Sure.

***

Edgar: Diana, es tu turno.

Diana, it is your turn.

Diana: Vamos a ver... Aquí está una canción que me encanta.

Let's see... Here is a song I love.

Kengo: ¿Cuál es?

Which one is it?

Diana: Se llama "Camino de Guanajuato". Cantamos con mi familia porque somos de Guanajuato.

It is called "Camino de Guanajuato". We sing with my family since we are from Guanajuato.

Edgar: Es muy popular en todo el país. Es una canción de "mariachi".

It's very popular throughout the country.
It's a mariachi song.

***

Diana: Kengo, sigues tú. Queremos escuchar tu canción.

Kengo, you're next. We want to hear your song.

㉕ カラオケ — 生活エンジョイ編

ディアナ：エドガル、さあ歌って。

エドガル：OK。

***

次は誰の番かな。

エドガル：ディアナ、君の番だよ。

ディアナ：ええと、ここに大好きな曲があるわ。

ケンゴ：なんて曲？

ディアナ：「カミノ・デ・グアナファト」というのよ。家族で歌ってるの、私の家族はグアナファト出身だからね。

エドガル：全国レベルでも非常にポピュラーなんだ。「マリアッチ」の曲だよ。

***

ディアナ：ケンゴの番よ。あなたの歌を聴きたいわ。

次は僕の番か。でも日本語の曲がないぞ。

Kengo: **Sí, pero no hay canciones japonesas.**

OK, but there are no Japanese songs

Diana: **No importa. Hablas español muy bien. ¿Por qué no cantas una en español?**

It doesn't matter. You speak Spanish very well. Why not sing a song in Spanish?

Edgar: **Kengo sabe cantar "Bésame mucho", ¿no?**

Kengo can sing "Besame mucho", right?

Kengo: **Sí, yo la sé porque mi abuela la cantaba cuando era niño. Ella me decía que esta canción había sido muy popular en su generación en Japón.**

Yes, I know it because my grandmother used to sing it when I was a child. She told me that this song was very popular with her generation in Japan.

Diana: **Kengo, ¡adelante!**

Go ahead, Kengo.

***

Diana: **Kengo, ¡qué bien cantas!**

Kengo, how well you sing!

ケンゴ ┤ わかったよ、でも日本の曲がないな。

ディアナ ┤ 何言ってるの。スペイン語が上手なのだから。スペイン語の曲を歌ってよ。

'No importa.' はよく聞く表現だ。「大した問題ではない。」ということだ。

エドガル ┤ ケンゴは「ベサメ・ムーチョ」が歌えるんだよね？

動詞 saber は「知っている」ということだが、「…することができる」という意味でも用いられた。ここでは、「ベサメ・ムーチョ」を歌えるということだな。その通りだ。

ケンゴ ┤ うん、子供の頃に僕のおばあさんが歌っていたので、その曲を知っているんだ。日本では彼女の世代に大変ポピュラーだったと言ってたな。

ディアナ ┤ ケンゴ、歌って！

ディアナに「歌って！」と言われたので頑張らなくては。

***

ディアナ ┤ ケンゴ、歌、うまいじゃないの！

やった…

シーン 26 お祭り
Días festivos

Ana: Sr. Abe, ¿qué va a hacer el primero de noviembre?

Mr. Abe, what are you going to do on November 1st?

Kengo: ¿Por qué? ¿Es un día especial?

Why? Is it a special day?

Ana: Sí, es el "Día de Muertos".

Yes, it's the "Day of the Dead."

Kengo: ¿Qué es eso?

What is that?

Ana: Es un día cuando la familia y los amigos se juntan para recordar y rezar a los muertos. El primero de noviembre es especialmente para los niños muertos, y el dos de noviembre es para los adultos muertos.

It is a day when family and friends gather to remember and pray for the dead. November 1 is especially for dead children, and November 2 is for dead adults.

Ana: Es un día festivo en los países cristianos. Para los mexicanos, es uno de los días festivos más importantes.

It is a holiday in Christian countries. For Mexicans, it is one of the most important holidays.

26 お祭り

アナ：アベさん、11月1日はどうされますか？

どうしたのだろう急に。何か特別な日かな？

ケンゴ：どうして？何か特別な日ですか？

アナ：はい、「死者の日」です。

「死者の日」だって。何だろう。

ケンゴ：それは何ですか？

アナ：家族や友人が集まり、死者を思い出してお祈りする日です。11月1日は亡くなった子供たち、11月2日は亡くなった大人たちのための日です。

死者を弔う日か。子供と大人で日付が違うのだな。

アナ：キリスト教の国々では祭日だと思います。メキシコ人にとっては、最も大切な祭日の1つです。

キリスト教のお祭りのようだ。特にメキシコでは重要であるようだ。そういえば、スポーツクラブや道端でも骸骨をモチーフにした絵が飾ってあったな。

Kengo: **Con razón, he visto muchos adornos de las calaveras en la calle y también en el club de natación.**

No wonder I've seen so many skulls decorating the street as well as in the swimming club.

Ana: **Sí, es correcto. Cada familia y cada empresa hacen su altar decorándolo muy bonito de acuerdo al tema relacionado con sus muertos. Hay familias que llevan mariachi o banda a las tumbas y cantan en el cementerio todo el día.**

Yes, that's right. Each family and each company decorate their altars beautifully according to the themes related to the dead. Some families take mariachi or banda to the graves and sing all day in the cemetery.

Kengo: **Ana, ¿hay otros días festivos que sean importantes para ustedes?**

Ana, are there any other holidays that are important for you guys?

ケンゴ: どうりで、道端やスイミングクラブでも骸骨をモチーフにした飾りをたくさん見たよ。

アナ: はい、そうなんです。家族や会社ごとに亡くなった人に関するテーマを題材に、祭壇をきれいに飾り付けするのです。なかにはマリアッチやバンダを墓地に呼んで、終日、墓地で歌う家族もいますよ。

墓地でも歌を歌うのか。やはりラテン系はにぎやかだ。

そういえば、この時期はハロウィンのイベントもあるな。どうりで、街は活気づいている。この国では他に重要なお祭りはあるのかな。

ケンゴ: アナ、他に重要な祭日はあるのですか？

Ana: **Sí, obviamente la Navidad y...**
El Día de la Independencia, el 16 de septiembre, México se llena con los colores—rojo, blanco y verde—que son los colores de la bandera de México.

Yes, obviously Christmas, and…
On Independence Day, September 16, Mexico is full of the colors—red, white and green—which are the colors of the Mexican flag.

Kengo: **Comprendo.**

I understand.

Ana: **Para nosotros, también son importantes el 10 de mayo, el día de la Madre, y el 12 de diciembre, el día de la Virgen de Guadalupe.**

For us, May 10, Mother's Day, and December 12, the day of the Virgin of Guadalupe are important too.

Kengo: **Los mexicanos respetan mucho a sus madres.**

Mexicans really respect their mothers.

アナ: はい、言うまでもなくクリスマス そして…
9月16日の独立記念日には、メキシコはメキシコ国旗の色である、赤、白、緑色であふれ返ります。

ケンゴ: そうですか。

アナ: 私たちにとって、5月10日の母の日、そして12月12日のグアダルーペの聖母の日も重要です。

> 5月10日の母の日、12月12日のグアダルーペの日か。グアダルーペはメキシコにおけるla Virgen（聖母）、英語のthe Virginだ。母親を大切にする国なんだな。

ケンゴ: メキシコの人は母親をとても大切にされるのですね。

シーン 27 中南米への旅
Viaje a los países en América Central y del Sur

1—オフィスにて   En la oficina

Kengo: Ana, estoy pensando viajar a América Central y del Sur.

Ana, I am thinking of travelling to Central and South America.

Ana: ¡Qué bien!
¿Cuándo va a tener sus vacaciones?

How nice!
When are you going on vacation?

Kengo: Me gustaría tenerlas en primavera porque hará buen tiempo.
¿Hay días festivos en la empresa en primavera?

I'd like to go in spring because the weather will be good.
Will there be company holidays in spring?

Ana: Entonces le conviene durante la Semana Santa. Tenemos dos días de descanso de la semana, y muchas personas tienen vacaciones toda la semana.

In that case, during Easter it would work out well for you. We have two days off during that week, and many people are on vacation the whole week.

Kengo: ¿Qué es eso?

What is that?

生活エンジョイ編

㉗ 中南米への旅

ケンゴ：アナ、中南米の国に旅行しようと考えているんだが。

アナ：それは、いいですね！
いつ、休暇を取られるのですか？

> また所有詞の su だ。vacaciones が複数形なので、sus になるんだったな。
> 休暇を取るなら、春に取りたいな。

ケンゴ：春に取りたいな。天気が良いだろうし。
春に会社の休日はあるのかな？

アナ：それならば、セマナ・サンタの期間がよろしいかと思います。その週は休業日が2日あり、多くの人が休暇を取りますよ。

> セマナ・サンタ（Semana Santa）とは何だろう。そのまま訳せば、「聖なる週」ということだが…

ケンゴ：それは何ですか？

Ana: **En la religión cristiana son los siete días para la conmemoración de la Pasión, Muerte y Resurrección de Jesucristo. Cada año cae en diferente fecha. En el siguiente año, caerá en la última semana de marzo.**

In Christianity, it is 7 days to celebrate the Passion, Death and Resurrection of Jesus Christ. Each year it falls on a different date. Next year, it will be the last week of March.

Kengo: **Bien. Entonces tomaré las vacaciones en la Semana Santa.**

All right. Then I'll take an Easter vacation.

2—電話での会話 1　　Conversación por teléfono 1

Kengo: **Estoy pensando en viajar a América Central y del Sur. El primer motivo del viaje es observar las aves locales.**

I am thinking of travelling to Central and South America. The primary purpose of the trip is to observe the local birds.

Diana: **¡Qué bonito! ¿A qué país piensas viajar?**

How nice! Which country do you plan to travel to?

Kengo: **No lo he decidido aún.**

I have not yet decided.

Diana: **Podemos preguntarle a mi tía, Claudia.**

We can ask my aunt, Claudia.

Kengo: **¡Buena idea!**

Good idea!

3—電話での会話 2　　Conversación por teléfono 2

Diana: **Kengo, tengo información para ti.**

Kengo, I have information for you.

27 中南米への旅

アナ：キリスト教においてキリストの受難、死と復活を記念する7日間のことです。毎年、日付は異なります。来年は3月の最終週となります。

「聖週間」のことか。難しい話を始めた。とにかく毎年、日付が変わるようだ。

ケンゴ：わかりました。それではセマナ・サンタに休暇を取りましょう。

「第1の目的」という時は primero を名詞の前に置き、el primer motivo だった。primero は男性単数名詞の前で primer になるからな。

ケンゴ：中南米の国に旅行しようと考えているんだ。
旅行の第1の目的は現地でのバードウォッチングなんだ。

ディアナ：いいわね！どの国に旅行したいの？

ケンゴ：まだ決めてないんだ。

ディアナ：叔母のクラウディアに尋ねたらどうかしら。

そうか、ディアナのおばさんは動物の専門家だった。

ケンゴ：グッド・アイデア！

ディアナ：ケンゴ、あなたに伝えたいことがあるわ。

271

Kengo: ¿Qué información?

What information?

Diana: Sobre tu viaje.

About your trip.

Kengo: ¿Qué te ha dicho la Sra.Claudia?

What did Claudia tell you?

Diana: Dijo que sería Costa Rica o Ecuador si quieres ver bonitas aves salvajes. En Costa Rica, posiblemente podrías encontrar los quetzales.

She said that it would be Costa Rica or Ecuador if you want to see beautiful wild birds. In Costa Rica, possibly you would be able to find quetzals.

Kengo: Sí, dicen que si logras ver los quetzales, te traen buena suerte.

Yes, they say that if you see quetzals, they will bring you good luck.

Diana: Sobre Ecuador, hay dos posibilidades. Una es visitar Amazonas y otra es ir a las islas Galápagos. Ya sabes que Galápagos es famoso por sus animales originarios de las islas.

Regarding Ecuador, there are two possibilities. One is to visit the Amazon and the other is to go to the Galapagos Islands. You know that the Galapagos are famous for the animals native to the islands.

Kengo: ¡Qué buena información! Muchas gracias.
Dale las gracias a la señora de mi parte, por favor.
Voy a planear mi viaje.

What good information! Thanks a lot.
Please convey my appreciation to her.
I'm going to plan my trip.

ケンゴ: どんなこと？

ディアナ: あなたの旅行のことよ。

クラウディアはどんなアドバイスをくれたのだろう。

ケンゴ: クラウディアは君に何て言った？

ディアナ: 美しい野鳥を見たいのであればコスタリカかエクアドルだろう、と言っていたわ。コスタリカでは、ケツァールに会えるかもしれないって。

コスタリカとエクアドルか。ケツァールは見ることができたら幸せになれるという鳥だ。

ケンゴ: そうだね、ケツァールを見ることができたら、幸運が訪れると言われているんだ。

ディアナ: エクアドルでは、2つの可能性があるそうよ。1つはアマゾン地域、もう1つはガラパゴス諸島へ行くこと。言うまでもなく、ガラパゴスはあそこ特有の動物で有名だわね。

エクアドルではアマゾン地域とガラパゴス諸島か。非常に有用な情報だ。助かるな。

ケンゴ: いい情報だ！ありがとう。
クラウディアにお礼を言っておいてね。
これから旅行の計画を立てるぞ。

生活エンジョイ編 ㉗ 中南米への旅

4 —旅行代理店にて   En la agencia de viaje

Kengo: Buenas tardes.

Good afternoon.

Dependiente: Buenas tardes, ¿en qué puedo ayudarle?

Good afternoon. How can I help you?

Kengo: Me gustaría viajar a Costa Rica o a Ecuador para observar las aves.

I would like to travel to Costa Rica or Ecuador for bird watching.

Dependiente: ¿Cuándo le gustaría viajar?

When would you like to travel?

Kengo: Quisiera viajar en la Semana Santa.

I would like to travel during Easter.

Dependiente: En este caso, le recomiendo Costa Rica porque habrá menos lluvia. Como Ecuador está en la línea ecuatorial, no tiene cuatro estaciones marcadas, pero será época de lluvia en la Semana Santa.

In that case, I recommend Costa Rica because there will be less rain. Because Ecuador is on the equator, there are not four distinct seasons; but, it will be the rainy season during Easter.

Kengo: Comprendo.
Entonces, ¿me hace usted la reservación para el vuelo a Costa Rica?

I understand.
In that case, could you make a reservation for a flight to Costa Rica?

Dependiente: Cómo no. ¿En qué fecha le gustaría salir…?

Why not. When would you like to leave…?

生活エンジョイ編

㉗ 中南米への旅

ケンゴ: こんにちは。

店員: こんにちは、ご用件を承りますが？

> 目的を話すときは前置詞 para を使うんだった。

ケンゴ: バードウォッチングのためにコスタリカかエクアドルへ旅行したいのですが。

店員: いつ旅行されたいのですか？

ケンゴ: セマナ・サンタの休みなんですが。

店員: その場合ですと、雨の少ないコスタリカへの旅をお勧めします。一方、エクアドルは文字通り赤道直下で、はっきりとした四季はありませんが、セマナ・サンタの時期は雨期となります。

> セマナ・サンタの時期はコスタリカは乾期で、エクアドルは雨期か。やはり旅は乾期のほうが動きやすいので今回はコスタリカにしておこう。

ケンゴ: わかりました。
それではコスタリカへのフライトの予約をしてもらえませんか？

店員: 承りました。出発日はいつにいたしましょうか…？

275

▶ 5—電話での会話 3　Conversación por teléfono 3

Kengo: Voy a Costa Rica. Lo he decidido.
I'm going to Costa Rica. I've decided.

Diana: ¿Cuándo te vas?
When are you leaving?

Kengo: En la Semana Santa.
During Easter.

Diana: ¡Ojalá que puedas ver los quetzales!
Claudia me dijo que para buscar las aves salvajes necesitarías un guía local.
Hopefully you can see quetzals.
Claudia told me that in order to look for the wild birds you would need a local guide.

Kengo: Gracias por los consejos.
Con un guía local, a lo mejor...
Voy a enseñarte las fotos que tome cuando vuelva.
Thank you for the advice.
With a local guide, perhaps...
I'll show you the photographs that I take.

Diana: Las esperaré.
I'll be waiting for them.

▶ 6—コスタリカのサン・ホセ空港にて　En el Aeropuerto de San José en Costa Rica

Kengo: Quiero ir a la estación de autobuses a San Gerardo de Dota. ¿Cómo llego ahí?
I want to go to a bus terminal to get to San Gerardo de Dota. How can I get there?

生活エンジョイ編 ㉗ 中南米への旅

ケンゴ｜コスタリカへ行くことに決めたんだ。

ディアナ｜いつ出発するの？

ケンゴ｜次のセマナ・サンタなんだ。

ディアナ｜ケツァールを見られればよいわね！
クラウディアが、野鳥を探すなら現地ガイドが必要と言ってたわよ。

> good advice だ。せっかく行っても、お目当ての野鳥が見られなければどうしようもないからね。現地ガイドがいれば、おそらく見られるだろうな。そう信じよう。「おそらく」は、quizá, quizás, tal vez, posiblemente, probablemente, a lo mejor のように色々な言い方があった。ここは a lo mejor を使ってみよう。帰ってきたら写真を見せてあげよう。

ケンゴ｜アドバイスありがとう。
現地ガイドがいれば、おそらく…
写真を撮ったら、帰ってから君に見せてあげるよ。

ディアナ｜待っているわ。

ケンゴ｜サン・ヘラルド・デ・ドータ行きのバスが出るバスターミナルに行きたいんですけど。そこへはどのようにしていけば良いですか？

Agente: **Es mejor tomar un taxi.**

It's best to take a taxi.

Kengo: **¿Es seguro?**

Is it safe?

Agente: **Sí. Hay una parada de taxis fuera del edificio.**

Yes. There is a taxi stand outside the building.

Agente: **Dígale al taxista que lo lleve a la terminal de buses MUSOC.**

Tell the taxi driver to take you to the MUSOC bus terminal.

7—MUSOC のバスターミナルにて   En la terminal de buses MUSOC

Kengo: **Quiero ir a San Gerardo de Dota, por favor. ¿Cómo puedo llegar?**

I want to go to San Gerardo de Dota, please.
How can I get there?

Taquillero: **No tenemos una línea directa. Necesitará tomar un bus rumbo a San Isidro y bajar en el "km 80".**

We don't have a direct line. You need to take a bus bound for San Ishidro and get off the bus at "km 80".

Kengo: **¿Se puede bajar en el camino?**

Is it possible to get off the bus en route?

空港職員：タクシーで行くのが良いでしょう。

タクシーは安全かな。

ケンゴ：安全ですか？

空港職員：はい。建物の外にタクシー乗り場があります。

この空港のタクシー乗り場は入場制限をしているようだ。それならば安全だ。

空港職員：タクシーの運転手に、MUSOCのバスターミナルへ行くように伝えてください。

ここでは動詞 decir が「伝えてください」という命令の意味なので、接続詞 que 以下は接続法だ。
バスのターミナルは 'terminal de buses' とも言うんだ。

ケンゴ：サン・ヘラルド・デ・ドータへ行きたいのですが。
どう行けばよいですか？

窓口係：直通の路線はありません。サン・イシドロ行きのバスに乗って途中の「km 80」で降りてください。

どうやら、途中下車しなくてはいけないようだ。「km 80」は最寄りの主要都市からの距離が記されている道端の看板だ。それが停留所なのかな。本当に降りられるのか心配だな。

ケンゴ：途中下車可能なのですか？

Taquillero: **Claro, dígale al chofer cuando suba al bus.**

Certainly, tell the driver when you get on the bus.

Kengo: **¿Por dónde sale el autobús?**

Where does the bus leave from?

Taquillero: **Hay una parada fuera de la sala de espera. Espere ahí, van a anunciar cuando esté listo su bus.**

There is a bus stop outside the waiting room.
Wait there. There will be an announcement when your bus is ready.

8—バスの中にて　Dentro del bus

Kengo: **¿A dónde vas?**

Where are you going?

Estudiante: **A San Isidro, y ¿usted?**

To San Isidro, and you?

窓口係: もちろん、バスに乗るときに運転手にそう伝えてください。

> 「タクシーの運転手へ場所を告げろ」と言われた時と同じ命令表現だ。そしてバスに乗るのは未来のことなので、cuando の後は接続法だ。文法通りだ。
> どこから発車するのかな。

ケンゴ: バスはどこから発車しますか？

窓口係: 待合室の外に発着所があります。
そこでお待ちください。お客様のバスの準備ができたらアナウンスがあります。

> 'cuando esté listo' は接続法だ。「バスの準備ができたら」は未来の話だからだ。よし、接続法も聞き取れるぞ。

> せっかくだから、隣の学生さんに話しかけてみよう。

ケンゴ: どこへ行くのですか？

学生: サン・イシドロです。あなたは？

> 窓口係に「'km 80' で降りなさい」と言われたことを話そう。この辺りではバスの停留所に名前がついてないので、道端にある「いわゆる80km地点」を示す標識から停留所を特定しているようだ。言われたのは過去だ。主語を特定しない3人称複数形で、〈me dijeron que...〉を使えばいいはずだ。que 以下にくる bajar は dijeron の時制の一致を受けて、接続法過去形の bajara となる。

生活エンジョイ編 ㉗ 中南米への旅

Kengo: A San Gerardo de Dota; me dijeron en la taquilla que bajara en el "km 80".

To San Gerardo de Dota; they told me at the ticket office that I should get off at "km 80".

Estudiante: Sí, sé dónde es, pero es mejor que usted le avise al chofer ahora antes de salir.

Yes, I know the place, but it is best to let the driver know now before the departure.

Kengo: Iba a avisar al chofer. Gracias por recordármelo.

I was going to let the driver know. Thank you for the reminder.

Estudiante: ¿Cuál es el motivo del viaje, negocios o placer?

What is the purpose of the trip, business or pleasure?

Kengo: Es por placer. Quiero ver los quetzales.

It's for pleasure. I want to see quetzals.

Estudiante: Sí, el lugar es famoso por sus pájaros.

Yes, the place is famous for its birds.

Kengo: ¿Vives en San Isidro?

Do you live in San Isidro?

Estudiante: Sí, vivo allá, pero voy mucho a San José.

Yes, I live there, but I go to San José a lot.

Estudiante: Está un poquito lejos. Sería mejor si estuviera más cerca.

It is a bit far. It would be better if it were closer.

ケンゴ: サン・ヘラルド・デ・ドータですが、窓口で「キロメートル・ハチジュウ」にて降りるように言われたんですが。

学生: ああ、そこを知っていますが、事前に運転手に告げた方が良いですよ。

「…するつもりだった」は〈ir a ＋動詞の原形〉の線過去形を使えば良かった。

ケンゴ: 告げようと思っていたんです。思い出させてくれてありがとう。

学生: 何のためにそこに行くんですか？ビジネスですか、休暇ですか？

ケンゴ: 休暇です。ケツァールを見たいんです。

学生: ああ、そうでしたか。そこは鳥で有名ですね。

ケンゴ: サン・イシドロに住んでいるのですか？

学生: はい、あちらに住んでいます。でも、たびたびサン・ホセに行きます。

学生: 少し遠いですね。もっと近ければいいんですけど。

「もっと近ければよかったのに」と言っている。実際には遠いので〈現在の事実に反する仮定〉だ。英語で言う仮定法過去形を使えばよい。スペイン語では〈si ＋接続法過去形〉を使ったな。特定の場所の所在の表現だから動詞 estar を用いればよい。接続法過去形は estuviera だ。

Kengo: Así es.

That's right.

***

Chofer: ¡km ochenta!

km ochenta!

Kengo: Me tengo que bajar.

I have to get off.

Estudiante: ¡Buen viaje!

Have a nice trip!

Kengo: Gracias. ¡Adiós!

Thanks. Goodbye!

9 — ホテルにて En el hotel

Kengo: Buenos días. Me llamo Kengo Abe. Tengo una reservación.

Good morning. My name is Kengo Abe.
I have a reservation.

Recepcionista: Bienvenido, Sr. Abe. Lo esperábamos. Por dos noches, ¿verdad?

Welcome, Mr. Abe. We have been waiting for you.
For two nights, isn't it?

Kengo: Sí.

Yes.

| ケンゴ | そうですね。 |

***

| バス運転手 | キロメートル・オチェンタ！ |

| ケンゴ | 降りないと。 |

| 学生 | 良い旅を！ |

> この表現はよく出てくるぞ。看板等でもよく見る表現だ。

| ケンゴ | ありがとう。さようなら！ |

BUEN VIAJE

| ケンゴ | おはようございます。アベ ケンゴと言います。予約を入れています。 |

| フロント係員 | ようこそいらっしゃいました、アベ様。お待ちしておりました。2泊ですね？ |

| ケンゴ | そうです。 |

> あ、そうだ。ガイドも頼まなくては。

Kengo: **Necesito un guía para buscar los quetzales también.**
I need a guide to look for quetzals too.

Recepcionista: **¿En grupo o privado?**
In a group or private?

Kengo: **Privado, por favor.**
Private, please.

Recepcionista: **Entonces, lo esperamos aquí a las seis de la mañana. Déjeme enseñarle su cabaña. Por aquí, por favor.**
OK, we'll expect you here at six o'clock in the morning.
Let me show you the cabin.
This way, please.

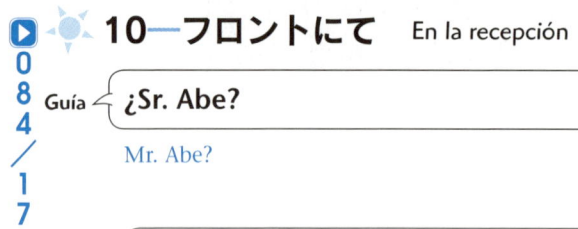

10—フロントにて　En la recepción

Guía: **¿Sr. Abe?**
Mr. Abe?

Kengo: **Sí, ¿es usted el guía?**
Yes, are you the guide?

Guía: **Sí, soy su guía.**
Yes, I am your guide.

Kengo: **¿Podríamos ver los quetzales?**
Can we see quetzals?

| ケンゴ | ケツァールを探すのにガイドも必要なのですが。 |

| フロント係員 | グループですか、プライベートですか？ |

少し値段が上がっても、プライベートの方がゆっくり観察できるな。

| ケンゴ | プライベートでお願いします。 |

| フロント係員 | それであれば、朝の6時にこちらへおいでください。
お客様のコテージにご案内します。
こちらへどうぞ。 |

cabaña は英語で言えば cabin/cottage だ。山小屋風か、楽しみだな。
por aquí は「この辺りに」とか「こちらへどうぞ」という意味だったな。

| ガイド | アベさんですか？ |

この人がガイドさんかな。
職業には冠詞はつけなかったが「例の」、「予約した」という意味で定冠詞 el をつけよう。

| ケンゴ | はい、あなたがガイドさんですか？ |

| ガイド | はい、私があなたのガイドです。 |

| ケンゴ | ケツァールを見ることができるでしょうか？ |

Guía: **Sí, si tenemos buena suerte.**

Yes, if we have good luck.

11—アグアカティージョの木の前にて Delante del árbol de aguacatillo

Guía: **Aquí hay un árbol que tiene semillas que les gustan a los quetzales.**

Here is a tree with seeds that quetzals are fond of.

Guía: **Se llama "aguacatillo".**

It is called "aguacatillo".

Kengo: **¿Es un tipo de aguacate?**

Is it a kind of avocado?

Guía: **Similar, pero más pequeño y no es comestible para los humanos.
Vamos a esperar un rato.**

Similar, but smaller and it is not edible by humans.
Let us wait for a while.

***

Kengo: **¿Todavía no llegan?**

They still haven't arrived?

Guía: **Paciencia, paciencia…**

Patience, patience…

***

ガイド：はい、運が良ければ。

やはり「ラッキーだったら」なのか。ともかく、出発だ。

ガイド：ここにあるのがケツァールの好きな実をつけた木です。

ガイド：「アグアカティージョ」といいます。

ケンゴ：アグアカテ（アボカド）の一種ですか？

ガイド：似ていますが、もっと小さいです。人間の食用ではありません。少し待ちましょう。

***

なかなか現れないぞ。今日は見られないかな。

ケンゴ：まだ、来ませんか？

ガイド：我慢、我慢…

ガマン、ガマンか…

***

Guía: **Son las diez.
Desafortunadamente, no llegan esta mañana.**

It is 10 o'clock.
Unfortunately, they did not show up this morning.

Kengo: **¿Habrá posibilidad que lleguen por la tarde?**

Will there be a possibility that they will show up in the afternoon?

Guía: **Sí, hay posibilidad a las cuatro y media o más tarde.**

Yes, there is a possibility at half past four or later.

Kengo: **Voy a regresar solo.**

I will return alone.

***

Kengo: **¡Aquí está!
¡Es rojo!**

Here it is!
It's red!

12—喫茶店にて   En el café

Diana: **¿Cómo te fue en el viaje a Costa Rica?**

How was your trip to Costa Rica?

Kengo: **Me fue muy bien.**

It went very well.

Diana: **¿Viste los quetzales?**

Did you see quetzals?

ガイド	10時になりました。 残念ながら、今朝は来ないようです。
	野鳥観察は日の出から朝の9時位までだ。今朝は無理なようだ。
ケンゴ	午後、飛来する可能性はありますか？
ガイド	はい、4時半以降であればもしかして。
ケンゴ	1人で戻ってきます。

***

ケンゴ	ここにいた！ 赤色だ！
	今日はディアナに写真を見せてあげるためにカフェで待ち合わせだ。ディアナが来たぞ。
ディアナ	コスタリカへの旅はどうだった？
ケンゴ	非常に良かったよ。
ディアナ	ケツァールを見られた？
	写真を見せてあげよう。

生活エンジョイ編 27 中南米への旅

Kengo: Fue difícil buscar los quetzales, pero al final yo los vi y los fotografié.
Aquí están las fotos.

It was difficult to find the quetzals, but finally I saw them and took some pictures.
Here are the pictures.

Diana: ¡Qué hermosos! Felicidades, Kengo.

How beautiful!
Congratulations, Kengo.

Kengo: ¿Recuerdas que me dijiste que Ecuador es un buen lugar para la observación de las aves? Me interesa mucho visitar las islas Galápagos. Estoy planeando el viaje a Galápagos con Edgar. ¿Te interesa ir con nosotros?

Do you remember that you told me that Ecuador is a good place for bird watching? I'm interested in visiting the Galapagos Islands. I'm planning a trip to Galapagos with Edgar. Are you interested in going with us?

Diana: ¡Muy buena idea! ¿Cuándo sería?

Very good idea! When would it be?

Kengo: Será este verano.

It will be this summer.

Diana: De acuerdo.

OK.

生活エンジョイ編

27 中南米への旅

ケンゴ：難しかったけど、最終的には見られて写真を撮れたよ。
これがその写真だ。

ディアナ：なんて美しいの！
おめでとう、ケンゴ。

こんな時、felicidades（おめでとう）というのか。さて、今日はディアナを次の旅行に誘うんだ。話を切り出そう。

ケンゴ：エクアドルはバードウォッチングには良い場所だ、と話してくれたことを覚えている？ガラパゴス諸島を訪れたいと思っていて、エドガルとガラパゴス諸島への旅行を計画しているんだ。僕たちと一緒に行く気はない？

ディアナ：とても素敵なアイデアね！ いつになりそう？

ディアナは過去未来形を使ったな。返事はより確度を高めて、未来形の será を使おう。

ケンゴ：この夏なんだ。

ディアナ：OK よ。

良かった。

293

13—ガラパゴス諸島のバルトラ島の空港にて

En el Aeropuerto de Baltra de las islas Galápagos

Diana: Por fin, estamos en las islas Galápagos.

Finally, we are at the Galapagos Islands.

Edgar: Claro. Fue un largo viaje.

Sure. It was a long trip.

Kengo: No, a mí no me pareció que fuera tan largo.

No, it didn't seem that long to me.

Edgar: ¿Por qué?

Why?

Kengo: Imagínate que si hubiéramos venido desde Japón, habrían sido 13 horas más.

Just think if you had come from Japan, it would have been 13 hours more.

Diana: Claro.

Sure.

生活エンジョイ編 ㉗ 中南米への旅

> さあ、いよいよガラパゴス諸島だ。

ディアナ：ついにガラパゴス諸島に到着ね。

> por fin は「ついに」という意味だった。

エドガル：ほんとだ、長い旅だった。

> 日本から来ることを思うとそれほど遠くはなかったけどな。
> 否定的な意見「そう思わない」の時は接続法だったな。

ケンゴ：いや、そんなに長いとは思わなかったよ。

エドガル：どうして？

> もし日本から来たとしたらもっと時間がかかっていただろうからね。これを〈過去の事実に反する仮定〉として言ってみようか。英語の仮定法過去完了を思い出してみよう。条件節は〈si + 接続法過去完了〉だから si hubiéramos venido だ。スペイン語には助動詞（would）がないので帰結節は直説法過去未来完了 habrían sido だった。

ケンゴ：日本から来たと思ってみて。さらに13時間余計にかかっていたよ。

ディアナ：本当ね。

> ガラパゴス諸島は遠いけど、日本人にとって憧れの島だ。

Kengo: Pero a pesar del pesado viaje, el Galápagos es muy popular entre los japoneses.

However, in spite of the tiring trip, the Galapagos is very popular with Japanese.

Diana: Viajan mucho los japoneses, ¿verdad?

Japanese travel a lot, don't you?

Kengo: Sí.

Yes.

14—サンタ・クルス島へのバスにて En el bus rumbo a la Isla Santa Cruz

Edgar: Ahora estamos en la Isla de Baltra y cruzamos el estrecho, ¿verdad?

Now we are on Baltra Island and will cross the strait, right?

Diana: Creo que sí.

I think so.

Kengo: Mira, allá está el barco con el que cruzaremos el estrecho.

Look, there is a boat in which we'll cross the strait.

Diana: ¡Qué precioso este paisaje!

What a lovely landscape!

ケンゴ: しかし、長時間かかるにもかかわらず、ガラパゴス諸島は日本人にとても人気があるんだ。

ディアナ: 日本人はよく旅行するんでしょ？

ガイドブックを片手に旅する日本人を多く見るからね。

ケンゴ: そうだね。

エドガル: 僕たちは今バルトラ島にいて、これからこの海峡を渡るんだよね？

ディアナ: そうだと思うわ。

ケンゴ: 見て、あそこにこの海峡を渡るボートがあるよ。

ディアナ: なんて美しい景色なんでしょう！

生活エンジョイ編 27 中南米への旅

15—チャールズ・ダーウィン研究所にて　En la estación científica Charles Darwin

Edgar: Vamos a comenzar nuestra visita con la estación científica Charles Darwin.
Es famosa por la cría de las tortugas gigantes.

Let's start our visit with the Charles Darwin research station.
It is famous for the breeding of giant turtles.

Kengo: Mira, hay una tortuga gigante.

Look, there is a giant turtle.

Diana: Es hermosa.
Vamos a tomarnos una foto con la tortuga.

It's beautiful.
Let's take a picture with the turtle.

16—ノース・セイモア島にて　En la Isla North Seymour

Edgar: Esta isla es famosa por las aves.

This island is famous for birds.

Diana: Ya he encontrado algunos pájaros.
Creo que es una familia de Piquero patiazul.

I've already found some birds.
I think it is a family of Blue-footed Booby.

Edgar: Cierto, sus patas son azules.
¡Impresionante!

True, its legs are blue.
Awesome!

生活エンジョイ編

㉗ 中南米への旅

エドガル：チャールズ・ダーウィン研究所から僕たちの旅を始めよう。
ゾウガメを飼育していることで有名なんだ。

ケンブリッジ大学出身のチャールズ・ダーウィンがこの島の動物を観察して「進化論」を唱えたのは有名な話だ。

ケンゴ：見て、ゾウガメがいる。

ディアナ：見事だわ。
カメさんと一緒に写真を撮りましょう。

ノース・セイモア島に上陸だ。

エドガル：この島は鳥で有名なんだ。

それは、楽しみだな。

ディアナ：もう鳥を見つけたわよ。
アオアシカツオドリの家族だと思うわ。

エドガル：ほんとだ、彼らの足は青色だ。
驚きだな！

Diana: **Mira, allá también hay una especie de pájaro.
¿Cómo se llama?**

Look, over there, there is some kind of bird.
What is it called?

Kengo: **Se llama Fragata magnífica.
Me parece que es muy buena familia también.**

It is called Magnificent Frigatebird.
It seems to me that it is a good family too.

Kengo: **Es un paraíso de las aves marinas.**

This is a paradise for seabirds.

17—イサベラ島にて　En la Isla Isabela

Edgar: **¿Cuántas horas estuvimos en el barco?**

How many hours were we on the boat?

Diana: **Fueron casi dos horas.**

It was about two hours.

Edgar: **La lancha saltaba mucho.**

The boat skipped a lot.

Diana: **Estuve mareada.**

I felt dizzy.

Kengo: **Diana, ¿estás bien?**

Diana, are you OK?

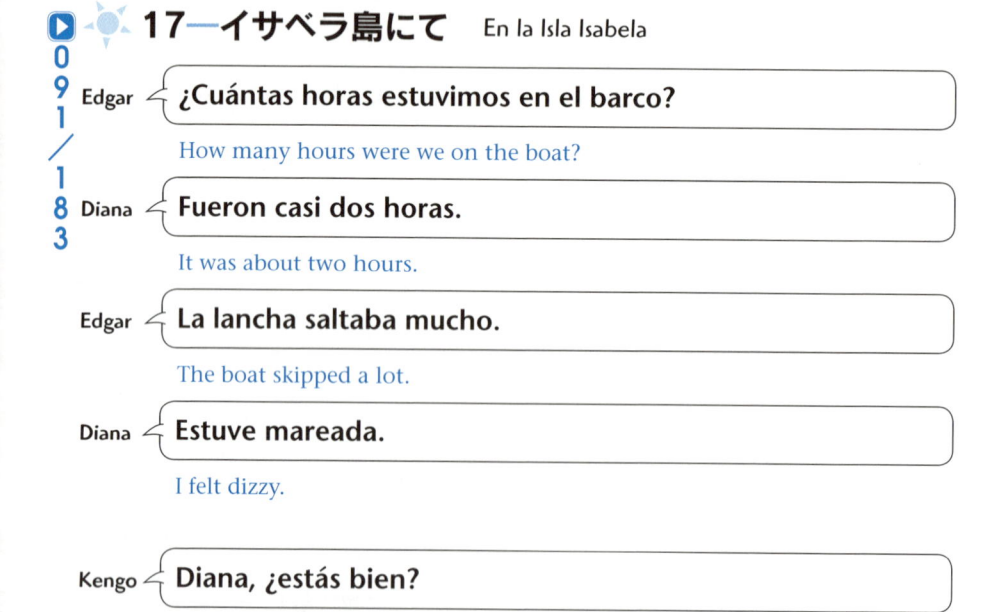

ディアナ：見て、あっちにも、また別の種類の鳥がいるわ。何て名前？

あれは、グンカンドリだ。繁殖期にオスが赤い喉袋を大きく膨らませることで有名だ。

ケンゴ：グンカン鳥だよ。彼らもまた非常に良い家族のようだな。

本当に海鳥の天国だ。

ケンゴ：海鳥の天国だ。

今日はモーターボートでイサベラ島まで足を延ばす日だ。

エドガル：どれくらいボートに乗っていただろう？

ディアナ：約2時間ね。

エドガル：モーターボートは頻繁に飛び跳ねていたな。

ディアナ：船酔いしたわ。

ディアナは船酔いしたようだ。大丈夫かな。

ケンゴ：ディアナ、今は大丈夫？

生活エンジョイ編 27 中南米への旅

Diana: Sí, gracias.
Yes, thank you.

***

Diana: Mira, hay un animal.
Look, there is an animal.

Edgar: Ah, ¡es una iguana!
Ah, it's an iguana!

Kengo: Se parece a un dinosaurio. ¡Qué impresionante!
It looks like a dinosaur. How awesome!

***

Edgar: Vamos a regresar al puerto.
Let's return to the harbor.

Diana: Oigo algo.
I heard something.

Edgar: Mira, hay muchas aves. Están pescando.
Look, therre are a lot of birds. They are fishing.

ディアナ: うん、ありがとう。

***

ディアナ: 見て、動物がいるわ。

エドガル: あ、イグアナだ！

あ、本当だ。少しも動かないぞ。それにしても、恐竜のイメージにぴったりだ。

ケンゴ: 恐竜のように見えるな。
感動！

***

エドガル: 港に戻ろう。

ディアナ: 何か聞こえるわ。

エドガル: 見て、鳥がたくさんいる。魚を狙っているぞ。

集団で海へ飛び込んでいくぞ。魚を狙っているようだ。それにしても大きな音を立てて、大群で漁か。大昔からこのスタイルで魚を捕っていたのだろうな。

生活エンジョイ編 27 中南米への旅

Kengo: **Son un grupo de Piquero patiazul.
¡Qué maravilla!**

It's a group of Blue-footed Booby.
How marvelous!

18—メキシコの空港到着口にて   En la llegada a un aeropuerto de México

Kengo: **Diana, hay muchos países bonitos en América Latina, ¿no?**

Diana, there are a lot of beautiful places in Latin America, aren't there?

Diana: **Así es.**

That's right.

Kengo: **Quiero conocer más.
¿Podrías acompañarme?**

I want to visit more.
Could you come with me?

Diana: **Claro que sí.**

Sure.

Edgar: **¿De qué están hablando ustedes?**

What are you talking about?

Diana y Kengo: **¡Es un secreto…!**

It's a secret…!

生活エンジョイ編 ㉗ 中南米への旅

ケンゴ：アオアシカツオドリのグループだ。
絶景だな！

ようやく、メキシコへ帰ってきた。ラテンアメリカにはまだまだ素敵なところがたくさんあるのだろうな。

ケンゴ：ディアナ、ラテンアメリカには素敵な国がたくさんあるんでしょ？

ディアナ：うん、そうね。

ディアナも興味を持っているみたいだな。これからも、一緒に旅ができるといいな。

ケンゴ：もっと、行ってみたいな。
一緒についてきてくれる？

ディアナ：もちろんよ。

バンザイ。

エドガル：君たち何について話しているの？

ディアナとケンゴ：それは、秘密…！

第2章
シーン別単語

シーン別単語

1. 見出し単語は、原則本文中で使われている順番で記載
2. 日本語訳には本文で使用されている意味合いの訳やその類似訳を記載
3. 初回の記載以降に出てきた場合でも、その意味が大きく異なる場合は再度記載
4. 日本語訳には必要に応じ、用法や慣用表現を記載。既出単語で新たな慣用表現が出てきた場合は、別項目として記載
5. リスト中の説明で「〜」は繰り返しの省略の意味、「…」は目的語や補語を一般化したものとして用いている
6. 名詞の記載
   (1) 慣用表現や名詞句は、ベースとなる単語を単語欄に表記し、その日本語訳欄に記載
   (2) 名詞の見出しは、本文中で複数形表示の場合でも、原則単数形を記載
   (3) 本文中で使われている名詞で、男性名詞と女性名詞を持つ場合は両方記載その際、「/」で区切り、その後の説明と連携を取っている
   ［例］ niño/ña　男/女　男の子/女の子
7. 動詞の記載
   (1) 動詞が初めて出てきたときには、本文中で使われている変化形（分詞の形、人称/時制による活用形）と原形を別々に記載
   (2) 動詞の説明で、接続法と記述がなければ直説法表現を意味する
   (3) 動詞が初回の記載以降に出てきた場合でも人称変化で大きく形が変化する場合はその変化形のみ記載
8. 形容詞の記載
   本文中で使われている形容詞で、男性形と女性形を持つ場合は両方記載
   ［例］ hermoso/sa　形　美しい

略語一覧

男：男性名詞	動：動詞	間：間投詞
女：女性名詞	再：再帰動詞	接：接続詞
固：固有名詞	形：形容詞	前：前置詞
代：代名詞	副：副詞	慣：慣用表現

単語	品詞	日本語訳
【1】 Llegada al aeropuerto internacional		
llegada	女	到着
aeropuerto	男	空港
internacional	形	国際的な
inmigración	女	入国；emigración（出国）
bienvenido	形	（男性に対して）ようこそ、女性に対してはbienvenida、男女複数の人に対してはbienvenidos
México	固	メキシコ（国名）
cómo	副	どのように、どんなふうに
está	動	estar の usted の現在形
estar	動	…である 一時的な状態を表すときや、特定のものの所在を表すときに用いる
estoy	動	estar の yo の現在形
bien	副	元気で
gracias	間	ありがとう
dónde	副	どこ（に）
viene	動	venir の usted の現在形
venir	動	来る
soy	動	ser の yo の現在形
ser	動	…である 本質的なことを表すときに用いる
Japón	固	日本（国名）
cuál	代	何（どれ）
motivo	男	目的、動機、理由
su	形	あなたの、彼(ら)の、彼女(ら)の
este/esta	形	この
visita	女	訪問
país	男	国
negocio	男	ビジネス、商売
va	動	ir の3人称単数の現在形
ir	動	行く
voy	動	ir の yo の現在形
alojarse	再	泊まる
hotel	男	ホテル
Aliana	固	アリアナ（ホテルの名前）
Salamanca	固	サラマンカ（グアナファト州にある市の名前）
tenga	動	tener の usted の接続法現在形
tener	動	（日や時を）過ごす、持つ
bueno/na	形	良い（男性単数名詞の前に置くときは bueno の -o が落ちる）
viaje	男	旅行、旅
aduana	女	税関
formato	男	フォーマット
declaración	女	申告
favor	男	好意；por ～（どうぞ、お願い）
aquí	副	ここに
algo	代	何か
necesite	動	necesitar の usted の接続法現在形
necesitar	動	必要とする
declarar	動	申告する
nada	代	何も…ない
después	副	後で；～ de...（…の後で）
quiero	動	querer の yo の現在形
querer	動	…が欲しい；～＋動詞の原形（…したい）
transbordar	動	乗換える
vuelo	男	フライト、便
nacional	形	国内の、国の
puedo	動	poder の yo の現在形
poder	動	…することができる
ver	動	見る
boleto	男	（ラ米）切符
suba	動	subir の usted に対する命令形
subir	動	上がる、登る
escalera	女	階段；～ automática（エスカレーター）
y	接	そして
derecha	女	右
【2】 Transbordo a línea local		
transbordo	男	乗り換え
línea	女	路線、航路、線
local	形	地方の
sala	女	搭乗口、ホール
salir	動	出発する、出かける
tiempo	男	時間、時；a ～（時間通りに）
todavía	副	まだ…でない
listo/ta	形	用意のできた
demorado	動	demorar の過去分詞
demorar	動	遅れさせる
cuánto/ta	形	どれだけの

単語	品詞	日本語訳
tardará	動	tardar の3人称単数の未来形
tardar	動	(時間が) かかる
llegará	動	llegar の3人称単数の未来形
llegar	動	到着する
unos/as	形	約
minuto	男	分
ahora	副	いま
pueden	動	poder の3人称複数の現在形
durante	前	〜の間に
asiento	男	席、座席
azafato/ta	男/女	客室乗務員、フライトアテンダント
número	男	番号、数
abróchense	再	abrocharse の3人称複数に対する命令形
abrocharse	再	(ベルトなどを) 締める
cinturón	男	ベルト
seguridad	女	安全
saliendo	動	salir の現在分詞
qué	代	何
gustaría	動	gustar の3人称単数の過去未来形
gustar	動	〜が好きである、〜が気に入る
tomar	動	飲む、食べる
solo	形	(コーヒーが) ブラックの
piloto	男/女	パイロット
Guanajuato	固	グアナファト (メキシコの州名及び州都名)
empezado	動	empezar の過去分詞
empezar	動	始める
descender	動	降りる
se permite	再	permitirse の3人称単数の現在形
permitirse	再	se permite + 動詞の原形 (…することが許される)
usar	動	使う
celular	男	(ラ米) 携帯電話、(西) móvil
últimamente	副	最近
aterrizaje	男	着陸
fuera	副	外で/に
avión	男	飛行機
entrada	女	入口
allá	副	あちらの方へ
indicación	女	表示、標識

単語	品詞	日本語訳
recoger	動	(預けたものを) 引き取る
mi	形	私の
equipaje	男	荷物
ciudad	女	都市
banda	女	ベルトコンベアー

【3】Del aeropuerto al hotel

単語	品詞	日本語訳
información	女	情報、案内所;〜 turistica (ツーリスト・インフォメーション)
taxi	男	タクシー
pregunte	動	preguntar の usted の命令形
preguntar	動	質問する
ese/esa	形	その
ventanilla	女	窓口
cuánto	副	どれだけ
cobra	動	cobrar の usted の現在形
cobrar	動	(代価を) 受取る、徴収する、(費用を) 回収する
peso	男	メキシコの通貨単位
momento	男	一瞬、短時間
pagar	動	支払う
con	前	…と一緒に
tarjeta	女	カード
débito	男	負債;tarjeta de débito (デビットカード)
crédito	男	信用貸し;tarjeta de crédito (クレジットカード)
tíquet	男	チケット
dé	動	dar の usted に対する命令形;déselo は dé + se + lo
dar	動	与える
taxista	男/女	タクシー運転手
dentro	副	中に/で
China	固	中国 (国名)
perdón	間	失礼、すみません
muy	副	とても、非常に
bonito/ta	形	美しい、きれいな、すてきな
verdad	女	(付加疑問文で) …ですね
acercándonos	再	asercarse の現在分詞
acercarse	再	〜a … (…に) 近づく
incluido/da	形	含まれている
propina	女	チップ

単語	品詞	日本語訳	単語	品詞	日本語訳
no se preocupe	再	preocuparse の usted に対する否定命令	hay	動	haber の 3 人称単数（現在形）
preocuparse	再	心配する；~ de …（…のことを心配する）	haber	動	（3 人称単数）… がある（いる）
adiós	間	さようなら	pantufla	女	（ラ米）（複数）スリッパ
			traemos	動	traer の 1 人称複数の現在形

【4】 Llegada al hotel

単語	品詞	日本語訳	単語	品詞	日本語訳
enfrente	副	正面に；~ de …（…の正面に）	traer	動	… を持って来る
recepción	女	（ホテルの）フロント	seguida	女	続けること；en ~（すぐに）
botones	男	ベルボーイ、ドアボーイ(単複同形)	más	副	もっとほかに
ayudar	動	助ける；ayudarme（私を助ける）	descanse	動	descansar の usted の接続法現在
esperar	動	待つ	descansar	動	休む、休息する
mientras	接	（… している）間	conversación	女	会話
se registra	再	registrarse の usted の現在形	teléfono	男	電話
registrarse	再	登録する	noche	女	夜
nombre	男	名前	atiende	動	atender の 3 人称単数の現在形
me llamo	再	llamarse の yo の現在形	atender	動	応対する
llamarse	再	… という名前である	despertar	動	目覚めさせる、起こす
apellido	男	姓、名字	hora	女	時間
Sr.	男	señor の略	confirmo	動	confirmar の yo の現在形
señor	男	男性の敬称	confirmar	動	確認する
semana	女	週	mañana	女	朝、午前
efectivo	男	現金；pagar en efectivo（現金で払う）	correcto/ta	形	正しい、正確な
cerramos	動	cerrar の 1 人称複数の現在形	mucho/cha	形	たくさんの、多くの
cerrar	動	閉める	gusto	男	喜び、満足；con mucho ~（喜んで）
cuenta	女	会計、勘定（書）			

【5】 Del hotel a la oficina

単語	品詞	日本語訳
dejamos	動	dejar の 1 人称複数の現在形
dejar	動	（… の状態に）しておく、… させておく
abierto/ta	形	開いた
firma	女	サイン、署名
cuando	接	… するとき、したとき
se vaya	再	irse の 3 人称単数の接続法現在形
irse	再	立ち去る、出かける
rompemos	動	romper の 1 人称複数の現在形
romper	動	破く、壊す
llave	女	鍵、弁
habitación	女	部屋、寝室
llevar	動	持って行く、運ぶ

単語	品詞	日本語訳
disculpe	動	disculpar の usted に対する命令形、すみません、tú に対しては disculpa
disculpar	動	許す
cita	女	（人と会う）約束
rato	男	短い時間；un ~（ちょっと、少し）
tardanza	女	遅れ
había	動	haber の 3 人称単数の線過去形
tráfico	男	交通（量）
oficina	女	オフィス

【6】 En la oficina

単語	品詞	日本語訳
director/ra	男/女	役員、取締役、社長
presentar	動	紹介する
cuándo	副	いつ

単語	品詞	日本語訳
ayer	副	きのう
deber	慣	deber de…（…に違いない）
cansado/da	形	疲れた
comer	動	食べる
junto/ta	形	一緒の / に
tarde	女	午後、夕方
media	女	（…時）半、30 分
hasta	前	… まで
pronto	副	すぐに；hasta pronto（またあとで）
pasillo	男	廊下、通路
tercero/ra	形	3 番目の；男性単数名詞の前では tercero の -o が落ちる
piso	男	階
asistente	男/女	アシスタント
computadora	女	（ラ米）コンピュータ
ratón	男	マウス
teclado	男	キーボード
inalámbrico/ca	形	無線の
sistema	男	システム
wifi	男	ワイファイ
red	女	ネットワーク、網
clave	女	パスワード
fácil	形	簡単な
conectarse	再	つながる
extensión	女	（電話の）内線
si	接	もし…なら
algún	形	なんらかの、ある（男性単数名詞を前から修飾）
problema	男	問題
amable	形	親切な
seguro/ra	形	確かな、安全な
llamar	動	電話をかける
junta	女	会議、集まり
todo/toda	形	すべての
persona	女	人
asistir	動	出席する
hoy	副	今日
nuevo/va	形	新しい
compañero/ra	男/女	同僚、仲間
empresa	女	企業、会社
casa	女	会社、家
matriz	形	母体となる；casa matriz（本社、親会社）
cargo	男	任務；a cargo de…（…を担当の）

単語	品詞	日本語訳
departamento	男	部、部門
compra	女	購入；departamento de compras（購買部）
grupo	男	グループ
encantado/da	形	はじめまして（男性 / 女性が言うとき）
conocer	動	（人と）知り合いになる

【7】En el restaurante

単語	品詞	日本語訳
restaurante	男	レストラン
mesa	女	テーブル
dijo	動	decir の 3 人称単数の点過去形
decir	動	言う
así	副	その（この）ように；así es（そのとおりです）
se tarda	再	tardarse の 3 人称単数の現在形
tardarse	再	（時間が）かかる
casi	副	ほとんど
poco/ca	形	（ほんの）少しの；（副）un poco（少し）
mesero/ra	男/女	（ラ米）給仕、ウェイター、ウェイトレス
desean	動	desear の 3 人称複数の現在形
desear	動	望む
para	前	…にとって、のために
limonada	女	レモネード
agua	女	水；el agua（アクセントのある a, ha で始まる女性単数名詞には男性定冠詞の el を用いる）
gas	男	ガス、気体
mineral	形	鉱物を含んだ
sin	前	… のない
puro/ra	形	純粋な
saber	動	知る
utilizar	動	使用する
hielo	男	氷
especial	形	特別の、特有の
recomienda	動	recomendar の usted の現在形
recomendar	動	勧める
arrachera	女	アラチェラ
carne	女	肉
res	女	（ラ米）牛；carne de res（牛肉）

単語	品詞	日本語訳
parte	女	場所、部位、部分；de mi parte（私に代わって）
diafragma	男	横隔膜
sabroso/sa	形	美味しい
probar	動	試す、味見する
platillo	男	（ラ米）料理、（西）plato
principal	形	主要な
agrado	男	好み
comida	女	食べ物、食事
quisieran	動	querer の3人称複数の接続法過去形
postre	男	デザート
ofrece	動	ofrecer の usted の現在形
ofrecer	動	提供する
flan	男	（カスタード）プリン
gelatina	女	ゼリー、ゼラチン
pastel	男	ケーキ、パイ
tipo	男	種類、タイプ
chocolate	男	チョコレート
queso	男	チーズ
sería	動	ser の3人称単数の過去未来形
suficiente	形	十分な
ya	副	すでに、もう；~ que...（…であるから）
satisfecho/cha	形	満足した
agregue	動	agregar の usted に対する命令形
agregar	動	付加する
ciento	慣	por ~（パーセント [%]）
invitar	動	招待する
mucho	副	非常に、大変に
regresar	動	戻る
supuesto	男	仮定；por supuesto（もちろん）

[8] Regresar a la oficina

単語	品詞	日本語訳
busca	女	探すこと
baño	男	（ラ米）トイレ（西）servicio
fondo	男	奥；al fondo（つきあたり）
izquierda	女	左、左側
hombre	男	男性
puerta	女	ドア
también	副	…もまた
pregunta	女	質問
lavarse	再	（体の部位を）洗う
mano	女	手

単語	品詞	日本語訳
abrir	動	開ける
grifo	男	蛇口
pensé	動	pensar の yo の点過去形
pensar	動	考える
automáticamente	副	自動的に
presione	動	presionar の usted に対する命令形
presionar	動	押す
aunque	接	…ではあるが
se ve	再	verse の3人称単数の現在形
verse	再	…が見える
letra	女	文字
tendrían	動	tener の3人称複数の過去未来形
tener	慣	~ que + 動詞の原形 …（…しなければならない）
máquina	女	機械
pon	動	poner の tú に対する命令形
poner	動	置く
abajo	副	下に；~ de（…の下に）
encenderá	動	encender の3人称単数の未来形
encender	動	スイッチが入る、点火する
entiendo	動	entender の yo の現在形
entender	動	理解する
normalmente	副	普通は、いつもは
llevamos	動	llevar の1人称複数の現在形
pañuelo	男	ハンカチ
secarnos	再	secarse の1人称複数形
secarse	再	（自分の体を）乾かす
costumbre	女	習慣
por	前	…のために；por eso（だから）
entonces	副	それでは、その時
trabajo	男	仕事
claro	間	もちろんだ
revisión	女	点検
equipo	男	設備
se enciende	再	encenderse の3人称単数の現在形
encenderse	再	スイッチが入る
monitor	男	ディスプレイ装置
se refiere	再	referirse の3人称単数の現在形
referirse	再	(~ a...) …に言及する

単語	品詞	日本語訳
pantalla	女	ディスプレー、スクリーン
botón	男	スイッチ、ボタン
escondido/da	形	隠された、隠れた
esconder	動	隠す
atrás	副	後ろに／へ
gigabyte	男	ギガバイト
memoria	女	メモリー
ordenador	男	（西）コンピュータ
disco	男	ディスク；disco duro（ハード・ディスク）
duro/ra	形	ハード、硬い
funcionará	動	funcionar の3人称単数の未来形
funcionar	動	機能する
impresora	女	プリンター
como	副	…として
escáner	男	スキャナー
fotocopiadora	女	コピー機
multifunción	形	多機能の
propósito	男	目的；a propósito（ところで、さて）
material	男	用品、用具
lápiz	男	鉛筆
borrador	男	（ラ米）消しゴム
papelería	女	（オフィス内の）事務用品置き場、文房具店
rincón	男	隅
significa	動	significar の3人称単数の現在形
significar	動	意味する
estante	男	保管キャビネット
archivo	男	書類
esquina	女	隅
carpeta	女	バインダー、フォルダー
tomar	動	得る、手に入れる
estantería	女	棚、本棚
agenda	女	予定、日程、計画表、予定表
hacer	動	する、行なう
organizar	動	準備する
estancia	女	滞在
preparar	動	準備する
primero	副	最初に、1番目に
rentar	動	（ラ米）賃借りする
segundo	副	2番目に
obtener	動	入手する
cuenta	女	口座

単語	品詞	日本語訳
banco	男	銀行
inmobiliaria	女	不動産業者
comprar	動	買う
tienda	女	店
compras	慣	ir de 〜（買物に行く）
tengamos	動	tener の1人称複数の接続法現在形
porque	接	なぜならば

【9】 Rentar la casa

単語	品詞	日本語訳
buscando	動	buscar の現在分詞
buscar	動	探す
vivir	動	住む、生活する
solo/la	形	一人で
familia	女	家族
soltero/ra	形	独身の
mis	形	私の（mi の複数形）
padre	男	父、（複数形）両親
mostrar	動	見せる
primero/ra	形	第1の
opción	女	選択肢
recámara	女	（中米）寝室
dormitorio	男	寝室
amueblado/da	形	家具付きの
incluir	動	含める
precio	男	値段
actual	形	現状の
cada	形	それぞれの
tina	女	バスタブ
siempre	副	いつも、常に
siguiente	形	次の
contrato	男	契約
visto	動	ver の過去分詞
segundo/da	形	第2の
mes	男	月、1か月
renta	女	（ラ米）賃貸料
mismo/ma	形	…自身
perfecto	間	よろしい、結構だ
depósito	男	デポジット
adelantar	動	前に出す；por adelantado（前もって）

【10】 Comprar el celular

単語	品詞	日本語訳
cualquier	形	cualquiera の男女単数名詞の前での語尾消失形
cualquiera	形	どんな…でも

単語	品詞	日本語訳
centro	男	センター；centro comercial（ショッピングセンター）
proveedor	男	プロバイダー
servicio	男	サービス
mejor	形	さらによい；定冠詞・所有形容詞を伴って最上級（最もよい）
cobertura	女	電波の届く範囲、カバレージ
pase	動	pasarのustedに対する命令形
pasar	動	移動する、通る
adelante	間	さあ、どうぞ
servir	動	（店員が客の）相手をする
tiene	動	tenerのustedの現在形
diferente	形	違った
modelo	男	型、機種
mostrador	男	ショーケース
marca	女	メーカー、銘柄
japonés/sa	形	日本（語、人）の
prepago	男	プリペイド方式、前払い方式
fijo/ja	形	固定の
ambos/bas	代	両方、両者
corto/ta	形	短い

【11】 Apertura de la cuenta del banco

単語	品詞	日本語訳
apertura	女	開設
turno	男	順番
transacción	女	取引
ahorro	男	貯蓄
normal	形	普通の、正常な
bancario/ria	形	銀行の；tarjeta bancaria（バンクカード）
cajero	男	ATM（正式にはcajero automáticoだが、automáticoはしばしば省略される）
llenar	動	（空欄に）記入する、書き込む
formulario	男	申込書、フォーム
casilla	女	（書類などの）欄
blanco/ca	形	空白の
depósito	男	預金
inicial	形	最初の
mínimo	男	最低限度
desde	前	…から
caso	男	場合

単語	品詞	日本語訳
depositar	動	入金する
domicilio	男	住所、住居
separado/da	形	別々の；por ~（別々に）
dentro	慣	~ de + 時間（…後に、…以内に）
hábil	形	有効な；día hábil（営業日）

【12】 Compras de los muebles

単語	品詞	日本語訳
mueble	男	家具
cama	女	ベット
individual	形	（ベットが）シングルサイズの、個別の
matrimonial	形	（ベットが）ダブルサイズの
produce	動	producirの3人称単数の現在形
producir	動	生産する
lujo	男	豪華；de ~（豪華な）
suave	形	柔らかい、手触りのよい
resorte	男	ばね、スプリング
estándar	形	（商品が）標準の
último/ma	形	最後の
cómodo/da	形	快適な
cuesta	動	costarの3人称単数の現在形
costar	動	（値段が）…である、（費用が）…かかる
entrega	女	配達、引き渡し
total	形	合計して；en total（合計して）
IVA	男	付加価値税（Impuesto al Valor Agregadoの頭文字）
abreviación	女	略語、省略
impuesto	男	税、税金
valor	男	価値
agregado	動	agregarの過去分詞
enviamos	動	enviarの1人称複数の現在形
enviar	動	発送する
sábado	男	土曜日
revisar	動	チェックする

【13】 Compras de necesidades diarias

単語	品詞	日本語訳
necesidad	女	（複数形で）必需品
diario/ria	形	毎日の
plato	男	皿
tenedor	男	フォーク

単語	品詞	日本語訳
cuchillo	男	ナイフ
cosa	女	物
vajilla	女	食器
cubierto	男	（複数形で、そろいの）スプーン、ナイフとフォーク、カトラリー
ropa	女	衣服；ropa de cama（シーツ、ベットカバー類）
cierto	副	そのとおり、確かに
supermercado	男	スーパーマーケット
carro	男	車
pedir	動	頼む
chofer	男/女	運転手
cuál	形	(+ 名詞) どの
debo	動	deber の yo の現在形
deber	動	(+ 動詞の原形)…しなければならない、…すべきである
mercado	男	市場
tradicional	形	伝統的な
lugar	男	場所
cerca	副	近くに；~ de…（…の近くに）
cesto	男	かご
canasta	女	買い物かご、口の広いかご
allí	副	あそこに
carrito	男	（スーパーマーケットなどで使う）カート
electrodoméstico	男	家電製品
cocina	女	台所、キッチン
microondas	男	（単複同形）電子レンジ
cafetera	女	コーヒーメーカー
encuentro	動	encontrar の yo の現在形
encontrar	動	見つける、出合う
sección	女	（デパートなどの）売り場
acompaño	動	acompañar の yo の現在形
acompañar	動	(人と) 一緒に行く
todo	代	すべての物；de ~（あらゆる種類の物）
cubrecama	男	ベッドカバー
sábana	女	シーツ
edredón	男	掛けぶとん
almohada	女	枕
lado	男	そば、近く；al ~（隣に）
cerveza	女	ビール
frío/a	形	冷たい

単語	品詞	日本語訳
refrigerador	男	（ラ米）冷蔵庫
soda	女	ソーダ水
refresco	男	清涼飲料水
Coca	個	コカ・コーラの略
jugo	男	（ラ米）ジュース（西）zumo
naranja	女	オレンジ
visitar	動	訪問する
caminar	動	歩く
gente	女	人
eso	代	それ、そのこと
vendedor/ra	男/女	販売員
mango	男	マンゴー
pedazo	男	一片、一切れ
rico/ca	形	美味しい
dulce	形	甘い
kilo	男	キログラム
medio/dia	形	半分の
aguacate	男	アボカド
nuevo	慣	de ~（再び）
fruta	女	果物
omitimos	動	omitir の 1 人称複数の現在形
omitir	動	省略する
además	副	さらに、その上に
forma	女	形
deseo	動	desear の yo の現在形
subjuntivo	男	接続法
sea	動	ser の 3 人称単数の接続法現在形；o sea（つまり、すなわち）
veces	女	vez の複数形；a veces（時々）
vez	女	回
igual	形	等しい；~ a…（…に等しい）
aprendiendo	動	aprender の現在分詞
aprender	動	学ぶ、習う
español	男	スペイン語
rápido	副	速く

【14】En la farmacia

単語	品詞	日本語訳
farmacia	女	薬局
dolor	男	痛み
estómago	男	胃
tal	形	そのような；tal vez（たぶん）

単語	品詞	日本語訳
cayó	動	caer の 3 人称単数の点過去形
caer	動	… の状態になる
mal	副	体調が悪く
recuerdo	動	recordar の yo の現在形
recordar	動	覚えている、思い出す
venganza	女	復讐
Moctezuma	固	モクテスマ（アステカ帝国の皇帝。征服者コルテスに敗北した）
extranjero/ra	男/女	外国人
como	慣	como si ＋接続法過去形（まるで…であるかのように）
se vengara	再	vengarse の 3 人称単数の接続法過去形
vengarse	再	復讐をする
invasor/ra	男/女	侵略者
emperador	男	皇帝
español/la	男/女	スペイン人
conquistaron	動	conquistar の 3 人称複数の点過去形
conquistar	動	征服する
región	女	地域、地方
mexicano/na	形	メキシコの
patrimonio	男	（社会的・歴史的な）遺産
cultural	形	文化の
intangible	形	無形の、触れられない
medicamento	男	薬
verdad	女	真実、事実
diarrea	女	下痢
fuerte	形	ひどい、強い
cortar	動	止める、切る
me llevo	再	llevarse の yo の現在形
llevarse	再	…を買う
líquido/da	形	液体の
bebida	女	飲み物
deportivo/va	形	スポーツの

【15】 En la clínica

単語	品詞	日本語訳
clínica	女	クリニック、診療所
médico/ca	男/女	医者
ver	動	調べる；ver un médico（医師に診てもらう）
seguro	男	保険；seguro médico（医療保険）
consulta	女	診察
solicitar	動	申請する

単語	品詞	日本語訳
devolución	女	返金、払い戻し
cita	女	（診察などの）予約
siéntese	再	sentarse の usted に対する命令形
sentarse	再	座る
ahí	副	そこに / で
avisamos	動	avisar の 1 人称複数形の現在形
avisar	動	知らせる
doctor/ra	男/女	医師、博士
pasa	動	pasar の 3 人称単数の現在形
pasar	動	起こる
duele	動	doler の 3 人称単数の現在形
doler	動	痛む
anteayer	副	一昨日；(口語)(中米) antier
náusea	女	吐き気
mucho	慣	ir ～ al baño（トイレに何度も行く）
examinar	動	検査する
infección	女	感染
bacteriano/na	形	細菌性の
antibiótico	男	抗生物質
suero	男	（栄養補給用などの）塩水
oral	形	口の、経口の
hidratante	形	水分を与える
doy	動	dar の yo の現在形
receta	女	処方（箋）
disfrutar	動	… を楽しむ、享受する
vida	女	生活、人生

【16】 Comprar CD

単語	品詞	日本語訳
se vende	再	venderse の 3 人称単数の現在形
venderse	再	(3 人称で) 商品が売られる
disco	男	CD、DVD、etc.
música	女	音楽
típico/ca	形	典型的な
mariachi	男	マリアッチ（メキシコ音楽の一スタイル）
ranchera	女	ランチェラ（メキシコ音楽の一スタイル）
banda	女	バンダ（メキシコ音楽の一スタイル）
bolero	男	ボレロ（メキシコ音楽の一スタイル）

単語	品詞	日本語訳
moderno/na	形	現代の
Mijares	固	ミハーレス（メキシコのポップシンガー）
quien	代	…する（人）
popular	形	人気がある
canta	動	cantarの3人称単数の現在形
cantar	動	歌う
veterano/na	形	ベテランの
escuchando	動	escucharの現在分詞
escuchar	動	聞く
Shakira	固	シャキーラ（コロンビアのポップシンガー）
colombiano/na	男/女	コロンビア人
baila	動	bailarの3人称単数の現在形
bailar	動	踊る
latinoamericano/na	男/女	ラテンアメリカの人
comparten	動	compartirの3人称複数の現在形
compartir	動	共有する
lengua	女	言語
éxito	男	成功；tener ～（成功する）
nivel	男	レベル、水準、高さ
ejemplo	男	例；por ejemplo（例えば）
Ricardo Arjona	固	リカルド アルフォナ（グアテマラのポップシンガー）
guatemalteco/ca	男/女	グアテマラ人
Guatemala	固	グアテマラ（国名）
sur	男	南；al sur de …（…の南に）
latino/na	形	ラテン系の
tanto/ta	形	それほど多くの
variedad	女	バラエティー、多様性

【17】Natación

単語	品詞	日本語訳
parece	動	parecerの3人称単数の現在形
parecer	動	…のように見える
grasoso/sa	形	（ラ米）脂肪分の多い
peso	男	体重、重さ
ejercicio	男	運動、練習
deporte	男	スポーツ
encanta	動	encantarの3人称単数の現在形
encantar	動	魅惑する
nadar	動	泳ぐ

単語	品詞	日本語訳
natación	女	水泳
aprendemos	動	aprenderの1人称複数の現在形
niño/ña	男/女	男の子／女の子
alberca	女	（メキシコ）プール
piscina	女	プール
afuera	副	外へ
derecha	慣	a mano ～（右手に）
siga	動	seguirのustedに対する命令形
seguir	動	道を進む
derecho	副	まっすぐに
cuadra	女	（ラ米）（市街地の）ブロック、一区画
encuentre	動	encontrarのustedの接続法現在形
semáforo	男	信号機
edificio	男	建物
club	男	クラブ
gimnasio	男	ジム
excelente	形	すばらしい
pruebe	動	probarのustedに対する命令形
hacerse	再	…になる
miembro	男	会員
costo	男	費用
membresía	女	メンバーシップ
mensual	形	毎月の
guste	動	gustarのustedの接続法現在形
inscripción	女	登録、申し込み
promoción	女	プロモーション、販売促進
deje	動	dejarのustedに対する命令法；déjeme …（…させてください）
libremente	副	自由に
carril	男	車線、コース、レーン
recomendable	形	勧められる
estilo	男	スタイル
libre	形	自由形（通常クロール）の
pecho	男	胸；（ラ米）estilo ～（平泳ぎ）
espalda	女	背；estilo ～（背泳ぎ）
mariposa	女	バタフライ
metro	男	メートル
consejo	男	助言

単語	品詞	日本語訳
razón	女	道理；tener razón（正しい、もっともである）
siento	動	sentir の yo の現在形
sentir	動	感じる
cuerpo	男	身体

【18】 Fiesta

単語	品詞	日本語訳
fiesta	女	パーティー
próximo/ma	形	次の
viernes	男	金曜日
quién	代	誰
invitaste	動	invitar の tú の点過去形
amigo/ga	男/女	友達
alguno/na	形	いくらかの、ある（男性単数名詞の前に置くときは alguno の -o が落ちる）
solamente	副	… だけ
quieras	動	querer の tú の接続法現在形
puntual	形	時間を正確に守る
demás	代	定冠詞＋～ でその他の人（もの、事）
mientras	慣	～ tanto（その間に、一方で）
vino	男	ワイン
mira	動	mirar の tú に対する命令形
mirar	動	見る
estudiando	動	estudiar の現在分詞
estudiar	動	勉強する
Derecho	男	法律（学）；科目・学問名は通常語頭を大文字で書く
universidad	女	大学
placer	男	喜び、（挨拶で）光栄
histórico/ca	形	歴史上重要な
caer	動	落ちる
bomba	女	爆弾
atómico/ca	形	原子の；bomba atómica（原子爆弾）
guerra	女	戦争；la Segunda Guerra Mundial（第二次世界大戦）
mundial	形	世界的な
foto	女	写真；fotografía の省略語
ruina	女	（複）廃墟、遺跡
creo	動	creer の yo の現在形
creer	動	信じる；～ que …（…と思う）

単語	品詞	日本語訳
mencionas	動	mencionar の tú の現在形
mencionar	動	言及する
cúpula	女	ドーム
importante	形	重要な
conservar	動	保存する
aquel/aquella	形	あの
tragedia	女	悲劇
delicioso/sa	形	おいしい
chef	男/女	シェフ
cocinar	動	料理する
felices	形	feliz の複数形
feliz	形	幸福な
demasiado	副	過度に
tarde	副	遅く、遅れて
irme	再	irse の yo の活用形
acaba	動	acabar の 3 人称単数の現在形
acabar	動	終える；acabar de …（…したばかりである）
divertirse	再	楽しむ
madrugada	女	早朝、夜明け、深夜

【19】 Cine

単語	品詞	日本語訳
cine	男	（ジャンルとしての）映画、映画館
di	動	dar の yo の点過去形
cuenta	慣	darse ～ de …（… に気づく）
frecuentemente	副	しばしば
película	女	（個々の作品としての）映画
Internet	女	インターネット
aun	副	…でさえ
desconocido/da	男/女	見知らぬ人
oportunidad	女	機会
silla	女	椅子
clase	女	クラス
alimento	男	食べ物
nadie	代	誰も…ない
por	慣	¿ por qué no …?（…しませんか？）
se cayeron	再	caerse の 3 人称複数の点過去形
caerse	再	転ぶ；～ bien（適合する、合う）
pena	女	苦悩；dar pena（つらい思いをさせる）

319

単語	品詞	日本語訳
contigo	副	（前置詞 con と人称代名詞 ti の結合形）君と一緒に
perdóname	動	perdona（perdonar の tú に対する命令形）＋ me
perdonar	動	許す
retraso	男	遅れ
ciencia	女	科学
ficción	女	作り事；ciencia ficción（サイエンスフィクション）
comedia	女	喜劇
romántico/ca	形	ロマンチックな；comedia ～（ロマンチックコメディ）
terror	男	（映画・小説などの）ホラーもの
gringo/ga	形	（ラ米）米国人の、ヤンキーの（蔑称）
comenzará	動	comenzar の3人称単数の未来形
comenzar	動	始める
otro/otra	形	ほかの
menú	男	メニュー
ordenar	動	（ラ米）注文する
palomita	女	（複数で）ポップコーン
mantequilla	女	バター
sabor	男	味；～ a …（…の味）
jalapeño	男	ハラペーニョ
picante	形	辛い
llamar	動	呼ぶ
camarero/ra	男/女	（西）ウェイター／ウェイトレス
se terminó	再	terminarse の3人称単数の点過去形
terminarse	再	終わる
vámonos	間	（ラ米）行こう；irse の nosotros に対する命令形
me alegro	再	alegrarse の yo の現在形
alegrarse	再	喜ぶ
oye	動	oír の tú に対する命令形
posible	形	可能な
mismo/ma	形	同じ；定冠詞＋～（同じもの）
cadena	女	チェーン（店）
sirve	動	servir の3人称単数の現在形
servir	動	食事を出す
auténtico/ca	形	本物の

【20】Restaurante japonés

単語	品詞	日本語訳
barra	女	カウンター
decorado	動	decorar の過去分詞
decorar	動	飾りつける
gato/ta	男/女	猫
atraer	動	引き寄せる、引きつける
pidiendo	動	pedir の現在分詞
cliente/ta	男/女	客
agradeciendo	動	agradecer の現在分詞
agradecer	動	感謝する
japonés	男	日本語
vea	動	ver の yo の接続法現在形
carta	女	メニュー
tazón	男	どんぶり、椀
montón	男	山積み；un montón de …（大量の…）
arroz	男	米
cerdo	男	豚；carne de …（豚肉）
pollo	男	鶏肉・チキン
encima	副	上に
huevo	男	卵
revuelto/ta	形	かき混ぜた
revolver	動	かき混ぜる
señorita	女	（呼びかけ）お姉さん、すみません
beber	動	飲む
té	男	茶
tetera	女	急須、ティーポット
taza	女	湯のみ、カップ
obviamente	副	明らかに

【21】Sierra de Santa Rosa

単語	品詞	日本語訳
comedor	男	食堂
trabajando	動	trabajar の現在分詞
trabajar	動	働く
vacación	女	（複）vacaciones（休暇）
pájaro	男	鳥、小鳥
observación	女	観察
ave	女	（分類区分としての）鳥
relativamente	副	比較的
sierra	女	山、山脈
estado	男	州
exactamente	副	正確に言って、そのとおり
parque	男	公園
paloma	女	鳩

単語	品詞	日本語訳
otro/otra	代	ほかの物・事・人
entre	前	… の間に
Hidalgo	固	イダルゴ（メキシコの州名）
San Luis Potosí	固	サン・ルイス・ポトシ（メキシコの州名）
Querétaro	固	ケレタロ（メキシコの州名）
sótano	男	地下室
barro	男	粘土、ぬかるみ
sima	女	（地面の）深い穴、ドリーネ
montaña	女	山
fauna	女	動物相
flora	女	植物相
increíble	形	信じられない
lejos	副	遠くに；～ de …（…から遠くに）
coche	男	自動車、車
yendo	動	ir の現在分詞
caseta	女	料金所
desierto	男	砂漠
actualmente	副	実際のところ
lleno/na	形	一杯の；～ de...（…で一杯の）
vegetación	女	植物
verde	形	緑色の
reservación	女	予約
guía	男/女	ガイド
enseñar	動	見せる
lago	男	湖
pequeño/ña	形	小さい
acampar	動	キャンプする
idea	女	考え、アイデア
algún	慣	～ día（いつか）
silencio	間	静かに
carpintero/ra	男/女	大工；pájaro carpintero（キツツキ）
árbol	男	木
cima	女	頂上
oigan	動	oir の3人称複数に対する命令形
Chara pechigris	固	メキシコカケス
inglés	男	英語
rama	女	枝
fotografiar	動	写真を撮る

単語	品詞	日本語訳
【22】 Sierra Gorda		
fin	男	終わり
camino	男	行程、道
extraño/ña	形	奇妙な、不思議な
monolito	男	一枚の岩でできているもの
mundo	男	世界
pieza	女	一個、一つ
roca	女	岩、岩山
entrando	動	entrar の現在分詞
entrar	動	入る
paisaje	男	景色、風景
ten	動	tener の tú に対する命令形；ten cuidado（気を付けて）
pavimentar	動	舗装する
traquetear	動	（乗り物が音を立てて）揺れる
pasaremos	動	pasar の1人称複数の未来形
pasar	動	（時を）過ごす
albergue	男	宿泊所
cenamos	動	cenar の1人称複数の現在形
cenar	動	夕食をとる
señora	女	（世話をしてくれる）女性、女性の敬称
guacamaya	女	コンゴウインコ
pie	男	足；a pie（徒歩で）
mulo/la	男/女	ラバ（ラ米では雄雌とも la mula が一般的）
sale	間	（ラ米）OKです
levantarse	再	起きる
temprano	副	早い時間に
nunca	副	決して…ない
montado	動	montar の過去分詞
ni	接	y の否定、否定表現をつなげて（…）も…もない
montar	動	（馬に）乗る
caballo	男	馬
tranquilo/la	形	おとなしい、静かな
dócil	形	従順な、手なずけやすい
cuerda	女	綱、なわ、ロープ
manejar	動	操る、操縦する
jale	動	jalar の usted に対する命令形
jalar	動	（ラ米）引く
noticia	女	知らせ

単語	品詞	日本語訳
ánimo	間	しっかり、がんばれ
observar	動	観察する
frío	男	寒さ；hacer frío（寒い）
amanece	動	amanecer の3人称単数の現在形
amanecer	動	夜が明ける
oído	動	oír の過去分詞
oír	動	…が聞こえる
nido	男	巣
miren	動	mirar の3人称複数に対する命令形
impresionante	形	印象的な
pareja	女	つがい
vuela	動	volar の3人称単数の現在形
volar	動	飛ぶ
perfecto/ta	形	完全な
sincronización	女	同調
maravilloso/sa	形	すばらしい
paraíso	男	天国
bajar	動	降りる
inclinarte	再	inclinarse の tú の活用形
inclinarse	再	傾斜する
hacia	前	…の方へ；hacia adelante（前の方に）

【23】Zoológico

単語	品詞	日本語訳
zoológico	男	動物園
tan	副	それほど；〜 A que B（非常に A なので B だ）
hermoso/sa	形	美しい
manda	動	mandar の tú に対する命令形
mandar	動	送る
correo	男	郵便；correo electrónico（e メール）
tamaño	男	サイズ
menos	形	より少ない
megabyte	男	メガバイト
USB	女	USBメモリー；memoria USB の省略
copies	動	copiar の tú の現在形
copiar	動	コピーする
Camilo	固	カミロ（人名）
hablar	動	話す
pasar	動	渡す
apunta	動	apuntar の tú に対する命令形

単語	品詞	日本語訳
apuntar	動	書き留める
bueno	間	（メキシコ）もしもし
habla	動	hablar の3人称単数の現在形、電話で名のるとき
conmigo	副	前置詞 con と人称代名詞 mi の結合形、私と一緒に
animal	男	動物
sobre	前	…の上に；〜 todo（とりわけ）
sacaste	動	sacar の tú の点過去形
sacar	動	（写真を）撮る
tío/a	男/女	おじ / おば
conservador/ra	男/女	学芸員
Sra.	女	señora の略（敬称）
estatua	女	彫像
león/na	男/女	ライオン
mapa	男	地図
reserva	女	鳥獣保護区
mono/na	男/女	サル
oso/sa	男/女	クマ
cisne	男	白鳥
pato/ta	男/女	カモ、アヒル
área	女	エリア、区域
negro/gra	形	黒い
origen	男	起原、出身、原産
similar	形	類似した
zona	女	ゾーン、地区
orangután	男	オランウータン
mueve	動	mover の3人称単数の現在形
mover	動	動かす

【24】Concierto

単語	品詞	日本語訳
concierto	男	コンサート
comentaste	動	comentar の tú の点過去形
comentar	動	コメントする
fuéramos	動	ir の1人称複数の接続法過去形
recientemente	副	最近
canción	女	歌
me enteré	動	enterarse の yo の点過去形
enterarse	再	知るようになる
cambiar	動	変える
sugerencia	女	提案、勧め
quedemos	動	quedar の1人称複数の接続法現在形

単語	品詞	日本語訳
quedar	動	待ち合わせる、(会う時間や場所を) 取り決める
auditorio	男	公会堂、ホール
anuncian	動	anunciar の3人称複数の現在形
anunciar	動	知らせる、通知する
cantante	男/女	歌手
numerado	動	numerar の過去分詞
numerar	動	…に番号を付ける
querido/da	形	親愛なる
respuesta	女	返事、回答
acuerdo	男	一致；estar de acuerdo con…(…に賛成である)
tuyo/ya	形	君の
nos veamos	再	verse の1人称複数の接続法現在形
verse	再	(複数主語で) (互いに)会う
venden	動	vender の3人称複数の現在形
vender	動	売る
antes	副	前に；～ de …(…の前に)
sólo	副	…だけ；文脈で形容詞の solo と区別がつく場合はアクセント符号不要
botana	女	(中米) おつまみ
dijiste	動	decir の tú の点過去形
se acaba	再	acabarse の3人称単数の現在形
acabarse	再	すっかり終わる
petición	女	リクエスト
otra	形	もう一つの (曲)、アンコールの呼びかけ

【25】Karaoke

単語	品詞	日本語訳
karaoke	男	カラオケ
especialmente	副	特に
baile	男	ダンス
sincronizado	動	sincronizar の過去分詞
sincronizar	動	シンクロナイズする
papá	男	パパ、お父さん
tocaba	動	tocar の3人称単数の線過去形
tocar	動	(楽器を) 弾く
guitarra	女	ギター
originario/ria	形	～ de …(…生まれの、原産の、出身の)
bar	男	バー
propio/pia	形	自身の

単語	品詞	日本語訳
sabes	動	saber の tú の現在形
saber	動	…できる
cafetería	女	喫茶店
grupo	男	グルッポ (メキシコの大人数構成のグループ歌手)
amor	男	愛
Los Ángeles Azules	固	ロス・アンヘレス・アスーレス (メキシコのグループ歌手)
sigues	動	seguir の tú の現在形
seguir	動	後に続く
importa	動	importar の3人称単数の現在形
importar	動	重要である
besa	動	besar の tú に対する命令形
besar	動	キスする
abuelo/la	男/女	祖父/祖母
generación	女	世代

【26】Días Festivos

単語	品詞	日本語訳
festivo/va	形	祭りの；día festivo (祝日)
primero	男	1日 (ついたち)
noviembre	男	11月
muerto/ta	男/女	死者、死んだ
cuando	副	…するとき (関係副詞)
se juntan	動	juntarse の3人称複数の現在形
juntarse	再	集まる
rezar	動	祈る
adulto/ta	男/女	成人、大人
cristiano/na	形	キリスト教の
mexicano/na	男/女	メキシコ人
adorno	男	飾り
calavera	女	ドクロ、頭蓋骨
calle	女	通り、街路
altar	男	祭壇
decorando	動	decorar の現在分詞
tema	男	テーマ、主題
relacionado	動	relacionar の過去分詞
relacionar	慣	～ con …(…と関連づける)
tumba	女	墓
cementerio	男	墓場
Navidad	女	クリスマス
independencia	女	独立
septiembre	男	9月

単語	品詞	日本語訳
se llenan	再	llenarse の3人称複数の現在形
llenarse	再	一杯になる
color	男	色
rojo/ja	形	赤い
bandera	女	国旗、旗
comprendo	動	comprender の yo の現在形
comprender	動	理解する
mayo	男	5月
madre	女	母親
diciembre	男	12月
Virgen	女	聖母；Virgen de Guadalupe（グアダルペの聖母、メキシコで最も敬愛されている聖母）
respetan	動	respetar の3人称複数形の現在形
respetar	動	尊敬する

【27】Viaje a los países en América Central y del Sur

単語	品詞	日本語訳
América Central y del Sur	固	中南米
viajar	動	旅行する
primavera	女	春
conviene	動	convenir の3人称単数の現在形
convenir	動	都合がよい
santo/ta	形	聖なる；Semana Santa（聖週間、イースター）
descanso	男	休み
religión	女	宗教
conmemoración	女	記念
Pasión	女	キリストの受難
Muerte	女	死神
Resurrección	固	キリストの復活
Jesucristo	固	イエス・キリスト
año	男	年、1年
cae	動	caer の3人称単数の現在形
caer	動	（祝日などの日付が…に）当たる
fecha	女	日付け
caerá	動	caer の3人称単数の未来形
marzo	男	3月
tomar	動	取る
decidido	動	decidir の過去分詞
decidir	動	決定する
aún	副	まだ（…ない）
sobre	前	…について、…に関して
Costa Rica	固	コスタリカ（国名）
Ecuador	固	エクアドル（国名）
salvaje	形	野生の
posiblemente	副	おそらく
quetzal	男	ケツァール（鳥名）
logras	動	lograr の tú の現在形
lograr	動	達成する、成就する
suerte	女	運
posibilidad	女	可能性
Amazonas	固	アマゾン川流域
isla	女	島
Galápagos	固	ガラパゴス
famoso/sa	形	有名な
planear	動	…の計画を立てる
agencia	女	代理店；agencia de viajes（旅行代理店）
lluvia	女	雨
ecuatorial	形	赤道の
estación	女	季節
marcado/da	形	はっきりとした、顕著な
época	女	時期；época de lluvia（雨期）
ojalá	間	どうか…しますように
mejor	慣	a lo ~（多分、おそらく）
tome	動	tomar の yo の接続法現在形
esperaré	動	esperar の yo の未来形
San José	固	サン・ホセ（コスタリカの首都名）
estación	女	駅；~ de autobuses（バスターミナル）
autobús	男	バス
San Gerardo de Dota	固	サン・ヘラルド・デ・ドタ（コスタリカの地名）
tomar	動	（ラ米）（公共交通機関に）乗る、利用する
seguro/ra	形	安全な
parada	女	バスの停留所・タクシー乗り場
terminal	女	ターミナル駅
directo/ta	形	直通の、直行の
rumbo	男	方向；~ a …（… 行きの、…の方向へ）
San Isidro	固	サン・イシドロ（コスタリカの地名）

単語	品詞	日本語訳
espera	女	待つこと；sala de espera（待合室）
taquilla	女	窓口、切符売り場
recordar	動	思い出させる
poquito/ta	形	poco の縮小辞
privado/da	形	私的な
cabaña	女	小屋
delante	副	前に；~ de …（…の前に）
aguacatillo	男	小アボガド
semilla	女	種（たね）
comestible	形	食用の、食べられる
humano/na	形	人間の
paciencia	女	辛抱、忍耐
desafortunadamente	副	残念なことに
café	男	喫茶店
difícil	形	難しい、困難な
felicidad	女	幸福、幸運
felicidades	間	おめでとう
interesa	動	interesar の3人称単数の現在形
interesar	動	（人の）興味を起こさせる
verano	男	夏
Baltra	固	バルトラ（ガラパゴス諸島の島名）
fin	慣	por ~（ついに）
largo/ga	形	長い
imagínate	再	imaginarse の tú に対する命令形
imaginarse	再	想像する
pesar	男	苦悩；a pesar de …（…にもかかわらず）
pesado/da	形	骨の折れる、つらい
japonés/sa	男/女	日本人
Santa Cruz	固	サンタ クルス（ガラパゴス諸島の島名）
cruzamos	動	cruzar の1人称複数の現在形
cruzar	動	横断する
estrecho	男	海峡
precioso/sa	形	美しい、すばらしい
estación	女	施設；estación científica（研究所）
Charles Darwin	固	チャールズ・ダーウィン（人名）
nuestro/tra	形	私たちの
cría	女	飼育
tortuga	女	カメ

単語	品詞	日本語訳
gigante	形	巨大な
tomar	動	（写真を）撮影する
Piquero patiazul	固	アオアシカツオドリ（鳥名）
pata	女	（動物の）足、脚
azul	形	青色の
especie	女	種（しゅ）
Fragata magnífica	固	グンカンドリ（鳥名）
marino/na	形	海の
barco	男	船
lancha	女	（モーター付）ボート
saltaba	動	saltar の3人称単数の線過去形
saltar	動	飛び跳ねる、飛び上がる
mareado/da	形	乗り物酔いした、気分が悪い
iguana	女	イグアナ
se parece	再	parecerse の3人称単数の現在形
parecerse	再	(~ a …) …に似ている
dinosaurio	男	恐竜
puerto	男	港
pescando	動	pescar の現在分詞
pescar	動	漁をする
maravilla	女	驚嘆すべきもの、見事なこと
América Latina	固	ラテンアメリカ
secreto	男	秘密

【コラム1】

examen	男	テスト、試験
profesor/ra	男/女	教員、先生

【コラム3】

tomo	動	tomar の yo の現在形
ninguno/na	形	一つの…もない
mientas	動	mentir の tú の接続法現在形
mentir	動	うそをつく

【コラム4】

cuadro	男	絵画
mujer	女	女、女性
grande	形	大きい

【コラム6】

clima	男	気候

単語	品詞	日本語訳
programa	男	プログラム、予定
amor	男	愛
flor	女	花
papel	男	紙
sol	男	太陽
miel	女	蜂蜜
piel	女	（人間の）皮膚、（動物の）皮
sal	女	塩
clase	女	授業
leche	女	ミルク
nube	女	雲
cielo	男	空
hermano/na	男/女	兄、弟／姉、妹
tren	男	列車、電車
camión	男	トラック
pan	男	パン
camarón	男	エビ
emoción	女	感情
conclusión	女	結論
decisión	女	決断
impresión	女	印象
pasión	女	情熱
cumbre	女	山頂、頂点
lumbre	女	火、炎
electricidad	女	電気
velocidad	女	速度
lámpara	女	電灯
mentira	女	うそ
hacha	女	斧
maleta	女	スーツケース
maíz	男	トウモロコシ

【コラム7】

libro	男	本

【コラム8】

mensaje	男	メッセージ

【コラム9】

taco	男	タコス（メキシコ料理）
taquería	女	タコス料理店
panadería	女	パン屋
pozole	男	ポソレ（メキシコ料理）
pozolería	女	ポソレ料理店
ferretería	女	金物店

単語	品詞	日本語訳
férreo/a	形	鉄の

【コラム10】

pobre	形	貧乏な、かわいそうな
perro/rra	男/女	犬
dichoso/sa	形	うれしい、喜ばしい、いやな、厄介な
malo/la	形	悪い

【コラム11】

gane	動	ganarの3人称単数の接続法現在形
ganar	動	勝つ、（利を）得る
campeonato	男	選手権、優勝
prohíbo	動	prohibirのyoの現在形
prohibir	動	禁止する
miedo	男	恐れ、不安
engañe	動	engañarの3人称単数の接続法現在形
engañar	動	だます
dudo	動	dudarのyoの現在形
dudar	動	疑う
llueva	動	lloverの3人称単数の接続法現在形
llover	動	雨が降る
calor	男	暑さ、熱；hacer～（暑い）
camisa	女	シャツ、ワイシャツ
manga	女	そで
despacio	副	ゆっくり（と）

【コラム12】

practicaba	動	practicarのyoの線過去形
practiqué	動	practicarのyoの点過去形
practicar	動	練習する

【コラム13】

jefe/fa	男/女	長、上司
bicicleta	女	自転車
revista	女	雑誌
Chile	固	チリ（国名）
maestro/tra	男/女	教師、名人
autopista	女	高速道路
prestaste	動	prestarのtúの点過去形
prestar	動	貸す
hijo/ja	男/女	息子／娘

単語	品詞	日本語訳

【コラム 14】

económicamente	副	経済的に
efectivamente	副	実際に、本当に
eminentemente	副	とりわけ、優れて
excepcionalmente	副	例外的に、並外れて
excesivamente	副	過度に
exclusivamente	副	もっぱら、ひたすら、排他的に、独占的に
exhaustivamente	副	徹底的に、網羅的に

【コラム 15】

como	接	（主節に先行して）…なので、…だから
documento	男	書類

【コラム 16】

correr	動	走る
corre	動	correr の tú に対する命令形
di	動	decir の tú に対する命令形
haz	動	hacer の tú に対する命令形
ve	動	ir の tú に対する命令形
sal	動	salir の tú に対する命令形
sé	動	ser の tú に対する命令形
ven	動	venir の tú に対する命令形
arriesgues	動	arriesgar の tú の接続法現在形
arriesgar	動	危険にさらす
perico	男	インコ
silvestre	形	野生の
basura	女	ごみ
basurero	男	ごみ箱
reduzca	動	reducir の usted の接続法現在形
reducir	動	減らす、弱める
pertenencia	女	所持品、所有物
haga	動	hacer の usted の接続法現在形
fila	女	列
paquete	男	小包

【コラム 18】

hubiera	動	haber の 3 人称単数の接続法過去形

第3章
会話の基礎となる単語

1. 人称を表す表現

主格 (主語・補語)	単数			複数		
1人称	私 I	yo		私達[*2] we	nosotros/ nosotras	
2人称	君 you (informal)	tú		君達[*2] you (informal)	vosotros[*3] /vosotras	
3人称	彼 he	él		彼ら[*2] they (masculine, masculine & feminine)	ellos	
	彼女 she	ella		彼女ら[*2] they (feminine)	ellas	
	あなた[*1] you (formal)	usted		あなた達[*1] you (formal)	ustedes	
	人の名前 name of a person	(例) Sr. Ortiz Ana		人々の名前 name of people	(例) Sr. y Sra. Ortiz Ana y Jacobo	
	それ it	(例) el pájaro la casa		それら they	(例) los pájaros las casas	

*1 「あなた（達）」は英語では聞き手なので 2 人称と習いました。しかし、スペイン語ではフォーマルな場合（usted/ustedes を使用時）には相手との距離を置く 3 人称表現として扱います。

*2 nosotros/vosotros/ellos は男性と男女混合の場合、nosotras/vosotras/ellas は女性だけの場合に用います。

*3 （ラ米）では 2 人称の vosotros/vosotras は用いられず、3 人称の ustedes で代用されています。

2. 時を表す表現

(1) 月

	(頭文字：大文字)	(頭文字：小文字)	
1月	*January*	**enero**	エネロ
2月	*February*	**febrero**	フェブレロ
3月	*March*	**marzo**	マルソ
4月	*April*	**abril**	アブリル
5月	*May*	**mayo**	マジョ
6月	*June*	**junio**	フニオ
7月	*July*	**julio**	フリオ
8月	*August*	**agosto**	アゴスト
9月	*September*	**septiembre**	セプティエンブレ
10月	*October*	**octubre**	オクトゥブレ
11月	*November*	**noviembre**	ノビエンブレ
12月	*December*	**diciembre**	ディシエンブレ

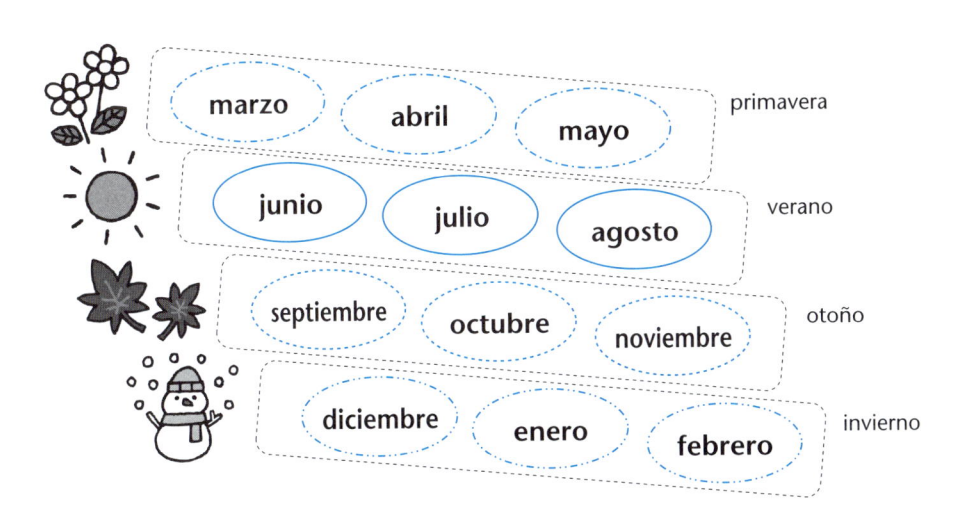

- **primavera**: marzo, abril, mayo
- **verano**: junio, julio, agosto
- **otoño**: septiembre, octubre, noviembre
- **invierno**: diciembre, enero, febrero

(2) 曜日

	（頭文字：大文字）	（頭文字：小文字）	
月曜日	*Monday*	**el lunes**	エル　ルネス
火曜日	*Tuesday*	**el martes**	エル　マルテス
水曜日	*Wednesday*	**el miércoles**	エル　ミエルコレス
木曜日	*Thursday*	**el jueves**	エル　フエベス
金曜日	*Friday*	**el viernes**	エル　ビエルネス
土曜日	*Saturday*	**el sábado**	エル　サバド
日曜日	*Sunday*	**el domingo**	エル　ドミンゴ

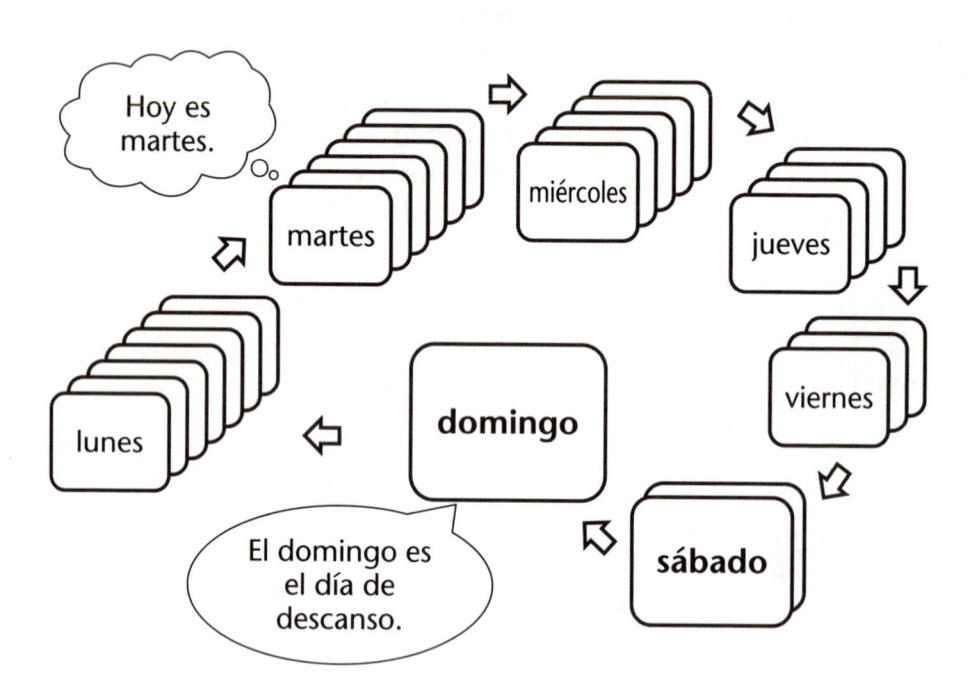

Hoy es martes.

lunes → martes → miércoles → jueves → viernes → sábado → domingo

El domingo es el día de descanso.

(3) 時間を表す表現

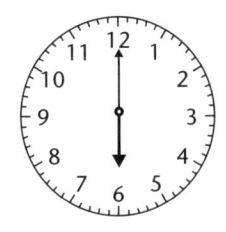

Son las seis.
ソン ラス セイス

Son las ocho treinta.
ソン ラス オーチョ トレインタ

Son las ocho y **media**.
ソン ラス オーチョ イ メディア

Son las doce.
ソン ラス ドセ

Es **mediodía**.
エス メディオディア

Es la una.
エス ラ ウナ

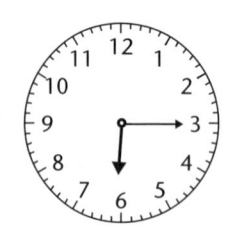

Son las seis quince.
ソン ラス セイス キンセ

Son las seis y **cuarto**.
ソン ラス セイス イ クワルト

Son las siete treinta y cinco.
ソン ラス シエテ トレインタ イ シンコ

Son las nueve cincuenta y cinco.
ソン ラス ヌエベ シンクエンタ イ シンコ

Son cinco para las diez.
ソン シンコ パラ ラス ディエス

(Son las diez **menos** cinco.)
ソン ラス ディエス メノス シンコ

Son las doce.
ソン ラス ドセ

Es **medianoche**.
エス メディアノチェ

3. 空間を表す用語
(1) 自分からの距離感[*1]を表す指示形容詞／指示代名詞と副詞

指示形容詞 / 指示代名詞[*2]	英語	男性形、女性形[*3]	読み
この / これ	*this/this one*	**este, esta**	エステ、エスタ
これらの / これら	*these*	**estos, estas**	エストス、エスタス
その / それ	*that/that one*	**ese, esa**	エセ、エサ
それらの / それら	*those*	**esos, esas**	エソス、エサス
あの / あれ	*that/that one*	**aquel, aquella**	アケル、アケージャ
あれらの / あれら	*those*	**aquellos, aquellas**	アケージョス アケージャス

[*2] 従来指示代名詞にはアクセントをつけ指示形容詞と区別していたが、現在ではスペイン王立言語アカデミー (RAE) の方針により、つけなくてよい (2016年 時点)。
[*3] 指示代名詞には中性形があり、名称がわからないものや話の内容を指す場合に用いられる。
これ / それ / あれ ⇨ esto/eso/aquello

副詞	英語		読み
ここに	*here*	**aquí**	アキ
こちらへ / に	*here*	**acá**[*4]	アカ
そこに	*there*	**ahí**	アイ
あそこに	*there*	**allí**	アジ
あちらへ / に	*there*	**allá**	アジャ

[*4] メキシコなどラ米で aquí と同意。

[*1] 必ずしも物理的な距離ではなく、感覚的な距離のこともある。

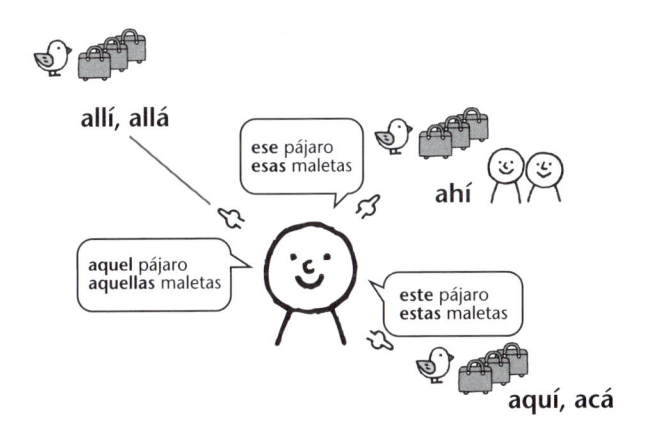

335

（2）相対的な位置関係を表す詞句（その1）

日本語	英語	スペイン語	カタカナ
〜の前に（面前に）	*ahead of*	**delante de**	デランテ　デ
〜の後ろに	*behind*	**detrás de**	デトラス　デ
〜の前に（正面に）	*in front of*	**en frente de**	エン　フレンテ　デ
〜の中に	*inside(of)*	**dentro de**	デントロ　デ
〜の外に	*outside of*	**fuera de**	フエラ　デ
〜から遠くに	*far from*	**lejos de**	レホス　デ
〜の近くに	*near*	**cerca de**	セルカ　デ
〜の間に	*between*	**entre**	エントレ

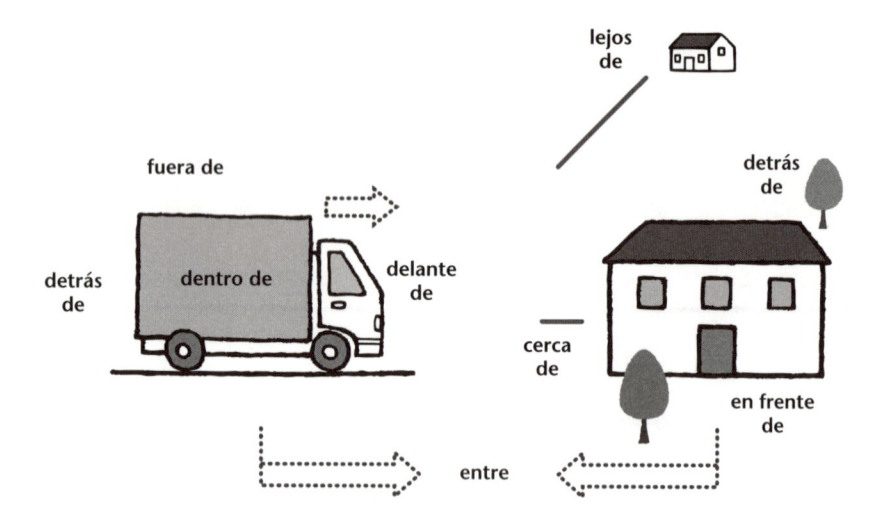

lejos de

fuera de

detrás de

detrás de

dentro de

delante de

cerca de

en frente de

entre

(3) 相対的な位置関係を表す詞句（その2）

上へ、上に	*up, above*	**arriba**	アリーバ
下へ、下に	*down, below*	**abajo**	アバホ
～に沿って	*along*	**a lo largo de**	ア ロ ラルゴ デ
～を通して	*across from, through*	**a través de**	ア トラベス デ
～の側に、隣に	*beside*	**al lado de**	アル ラド デ
～の真ん中に	*in the middle of*	**en medio de**	エン メディオ デ

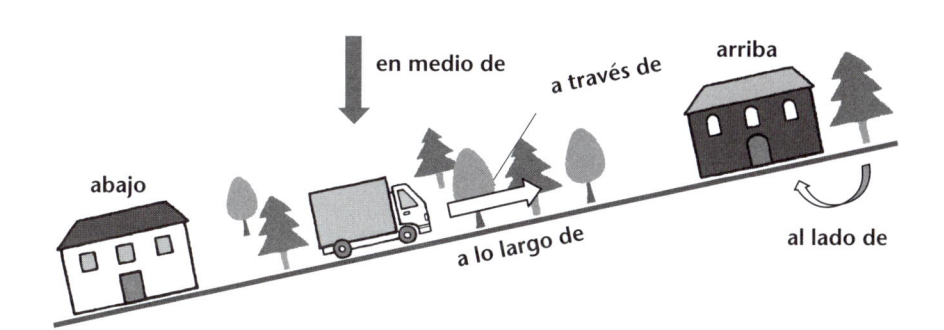

(4) 相対的な位置関係を表す詞句（その3）

〜の上に	*above*	**sobre** / **encima de**	ソブレ / エンシマ デ
〜の下に	*under*	**debajo de**	デバホ デ
〜の右側に	*(to the) right of*	**a la derecha de**	ア ラ デレーチャ デ
〜の左側に	*(to the) left of*	**a la izquierda de**	ア ラ イスキエルダ デ
まっすぐに	*straightforward*	**derecho**	デレーチョ

4. 数字を表す用語

0	*zero*	**cero**	セロ
1	*one*	**uno**	ウノ
2	*two*	**dos**	ドス
3	*three*	**tres**	トレス
4	*four*	**cuatro**	クワトロ
5	*five*	**cinco**	シンコ
6	*six*	**seis**	セイス
7	*seven*	**siete**	シエテ
8	*eight*	**ocho**	オーチョ
9	*nine*	**nueve**	ヌエベ
10	*ten*	**diez**	ディエス
11	*eleven*	**once**	オンセ
12	*twelve*	**doce**	ドセ
13	*thirteen*	**trece**	トレセ
14	*fourteen*	**catorce**	カトルセ
15	*fifteen*	**quince**	キンセ
16	*sixteen*	**dieciséis**	ディエシセイス
17	*seventeen*	**diecisiete**	ディエシシエテ
18	*eighteen*	**dieciocho**	ディエシオーチョ
19	*nineteen*	**diecinueve**	ディエシヌエベ
20	*twenty*	**veinte**	ベインテ
21	*twentyone*	**veintiuno**	ベインティウノ
…	…	…	…
29	*twentynine*	**veintinueve**	ベインティヌエベ
30	*thirty*	**treinta**	トレインタ
31	*thirtyone*	**treinta y uno**	トレインタ イ ウノ

0 ⇒ **31**

39	*thirtynine*	**treinta y nueve**	トレインタ イ ヌエベ
40	*forty*	**cuarenta**	クワレンタ
41	*fortyone*	**cuarenta y uno**	クワレンタ イ ウノ
50	*fifty*	**cincuenta**	シンクエンタ
60	*sixty*	**sesenta**	セセンタ
70	*seventy*	**setenta**	セテンタ
80	*eighty*	**ochenta**	オチェンタ
90	*ninety*	**noventa**	ノベンタ
100	*hundred*	**cien**	シエン
101	*one hundred and one*	**ciento uno**	シエント ウノ
102	*one hundred and two*	**ciento dos**	シエント ドス
110	*one hundred ten*	**ciento diez**	シエント ディエス
200	*two hundred*	**doscientos**	ドスシエントス
1,000	*thousand*	**mil**	ミル
2,000	*two thousand*	**dos mil**	ドス ミル
10,000	*ten thousand*	**diez mil**	ディエス ミル
1,000,000	*one million*	**un millón**	ウン ミジョン
2,000,000	*two million*	**dos millones**	ドス ミジョネス
∞	*infinite*	**infinito**	インフィニト

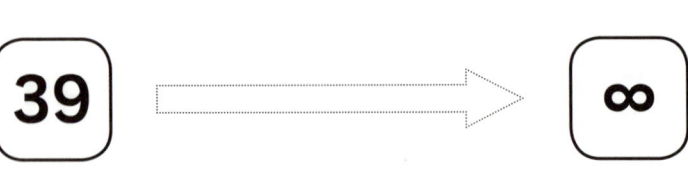

39 → ∞

おわりに

　「英語をあれだけ勉強してきたのに、思うように話せない。まして、スペイン語など到底無理」と思われている方が多いのではないでしょうか。実際、私がメキシコで生活した際、そのように言われている方に多くお会いしました。しかし、現地の人となんとかコミュニケーションを取りたいと思う気持ちは強く、英語を交えながら身振り手振りで奮闘されている姿もよく目にしました。

　そんな時は、次のように発想を変えてみればよいのです。「英語を勉強してきたのだから、外国語の習得術はある程度心得ている。また、スペイン語の単語は英単語との共通点も多いようだ。単語レベルでよいので話してみよう」こんな考え方が、第2外国語、さらには第3外国語を習得していくパワーとなるのです。

　実際、このような考えで、少しずつではあるけれど、コミュニケーションができるようになった方もおられます。単語レベルでも的を射た、ひと言コミュニケーションであれば、現地の人との意思疎通もでき始めます。そうなれば、しめたものです。現地の人もスペイン語習得をサポートしてくれるようになるはずです。そんなコミュニケーション志向を持たれた読者の皆様のお役にたてればという思いで本書の執筆に着手しました。

　本物語は、フィクションではありますが、著者のスペイン語習得の後押しをしてくれたスパニッシュ・オンラインの諸先生方、またメキシコ現地での生活のサポートをいただいたグアナファト州サラマンカ市のアリアナ・ホテルのスタッフ面々との語らいが本書のベースとなっております。

　それでは、読者皆様のスペイン語コミュニケーションのさらなる上達を祈念して
　　　　　　¡Disfruten la conversación en español!

参考文献

Atlas Básico de Gramática, Parramón Ediciones, 2004

Compendio Ilustrado y Azaroso de Todo lo que Siempre Quiso Saber sobre la Lengua Española, Fundéu BBVA & Editorial Debate, 2014

Agustín Mateos Muñoz, *Compendio de Etimologías Grecolatinas del Español*, Editorial Esfinge, 2011

María del Pilar Montes de Oca Sicilia, *Nuevo manual para hablar mejor*, Editorial Lectorum, 2015

Robert J. Nassi, Bernard Bernstein, *Review Text in Spanish Two Years*, Amsco School Publications, 1969

江藤一郎『基本スペイン語文法』、芸林書房、2003

山田善郎監修『中級スペイン文法』、白水社、1995

吉川恵美子『CDブックNHKラジオスペイン語講座 入門を終えたら 接続法を使って話そう スペイン語』、NHK出版、2007

＊1 ［シーン23　動物園］で使用している写真についてはレオン動物園（メキシコ）の許可を得て撮影、掲載しております。

＊2 CD-ROMに収録されている音声はメキシコ現地収録のため、一部音質に不均一な部分があります。

※ 章番号は初出／章番号のCはコラム／同じ単語で意味、用法が異なる場合は章番号を表示

スペイン語単語索引

A	章番号
abajo	8
abierto/ta	4
abreviación	12
abrir	8
abrocharse	2
abróchense	2
abuelo/la	25
acaba	18
acabar	18
acabarse	24
acampar	21
acercándonos	3
acercarse	3
acompañar	13
acompaño	13
actual	9
actualmente	21
acuerdo	24
adelantar	9
adelante	10
además	13
adiós	3
adorno	26
aduana	1
adulto/ta	26
aeropuerto	1
afuera	17
agencia	27
agenda	8
agradecer	20
agradeciendo	20
agrado	7
agregado	12
agregar	7
agregue	7
agua	7
aguacate	13
aguacatillo	27
ahí	15
ahora	2
ahorro	11
alberca	17
albergue	22
alegrarse	19
algo	1
algún	6, 21
alguno/na	18
Aliana	1
alimento	19
allá	2
allí	13
almohada	13
alojarse	1

altar	26
amable	6
amanece	22
amanecer	22
Amazonas	27
ambos/bas	10
América Central y del Sur	27
América Latina	27
amigo/ga	18
amor	25
amueblado/da	9
animal	23
ánimo	22
año	27
anteayer	15
antes	24
antibiótico	15
anuncian	24
anunciar	24
apellido	4
apertura	11
aprendemos	17
aprender	13
aprendiendo	13
apunta	23
apuntar	23
aquel/aquella	18
aquí	1
árbol	21
archivo	8
área	23
arrachera	7
arriesgar	C16
arriesgues	C16
arroz	20
así	7
asiento	2
asistente	6
asistir	6
atender	4
aterrizaje	2
atiende	4
atómico/ca	18
atraer	20
atrás	8
auditorio	24
aun	19
aún	27
aunque	8
auténtico/ca	19
autobús	27
automáticamente	8
autopista	C13
ave	21

avión	2
avisamos	15
avisar	15
ayer	6
ayudar	4
azafata/ta	2
azul	27

B	
bacteriano/na	15
baila	16
bailar	16
baile	25
bajar	22
Baltra	27
bancario/ria	11
banco	8
banda	2, 16
bandera	26
baño	8
bar	25
barco	27
barra	20
barro	21
basura	C16
basurero	C16
beber	20
bebida	14
besa	25
besar	25
bicicleta	C13
bien	1
bienvenido	1
blanco/ca	11
bolero	16
boleto	1
bomba	18
bonito/ta	3
borrador	8
botana	24
botón	8
botones	4
bueno	23
bueno/na	1
busca	8
buscando	9
buscar	9

C	
caballo	22
cabaña	27
cada	9
cadena	19
cae	27
caer	14, 18, 27
caerá	27

343

caerse	19	cima	21	convenir	27
café	27	cine	19	conversación	4
cafetera	13	cinturón	2	conviene	27
cafetería	25	cisne	23	copiar	23
cajero	11	cita	5, 15	copies	23
calavera	26	ciudad	2	corre	C16
calle	26	claro	8	correcto/ta	4
calor	C11	clase	19, C6	correo	23
cama	12	clave	6	correr	C16
camarero/ra	19	cliente/ta	20	cortar	14
camarón	C6	clima	C6	corto/ta	10
cambiar	24	clínica	15	cosa	13
Camilo	23	club	17	Costa Rica	27
caminar	13	cobertura	10	costar	12
camino	22	cobra	3	costo	17
camión	C6	cobrar	3	costumbre	8
camisa	C11	Coca	13	crédito	3
campeonato	C11	coche	21	creer	18
canasta	13	cocina	13	creo	18
canción	24	cocinar	18	cría	27
candado/da	6	colombiano/na	16	cristiano/na	26
canta	16	color	26	cruzamos	27
cantante	24	comedia	19	cruzar	27
cantar	16	comedor	21	cuadra	17
cargo	6	comentar	24	cuadro	C4
carne	7	comentaste	24	cuál	1, 13
carpeta	8	comenzar	19	cualquier	10
carpintero/ra	21	comenzará	19	cualquiera	10
carril	17	comer	6	cuando	4, 26
carrito	13	comestible	27	cuándo	6
carro	13	comida	7	cuánto	3
carta	20	como	8, 14, C15	cuánto/~ta	2
casa	6	cómo	1	cubierto	13
caseta	21	cómodo/da	12	cubrecama	13
casi	7	compañero/ra	6	cuchillo	13
casilla	11	comparten	16	cuenta	4, 8, 19
caso	11	compartir	16	cuerda	22
cayó	14	compra	6	cuerpo	17
celular	2	comprar	8	cuesta	12
cementerio	26	compras	8	cultural	14
cenamos	22	comprender	26	cumbre	C6
cenar	22	comprendo	26	cúpula	18
centro	10	computadora	6	**D**	
cerca	13	con	3	dar	3
cerdo	20	concierto	24	dé	3
cerramos	4	conclusión	C6	deber	6, 13
cerrar	4	conectarse	6	débito	3
cerveza	13	confirmar	4	debo	13
cesto	13	confirmo	4	decidido	27
Charles Darwin	27	conmemoración	27	decidir	27
chef	18	conmigo	23	decir	7
Chile	C13	conocer	6	decisión	C6
China	3	conquistar	14	declaración	1
Chara pechigris	21	conquistaron	14	declarar	1
chocolate	7	consejo	17	decorado	20
chofer	13	conservador/ra	23	decorando	26
cielo	C6	conservar	18	decorar	20
ciencia	19	consulta	15	dejamos	4
ciento	7	contigo	19	dejar	4
cierto	13	contrato	9		

deje	17	duele	15	español	13
delante	27	dulce	13	español/la	14
delicioso/sa	18	durante	2	especial	7
demás	18	duro/ra	8	especialmente	25
demasiado	18			especie	27
demorado	2	**E**		espera	27
demorar	2	económicamente	C14	esperar	4
dentro	3, 11	Ecuador	27	esperaré	27
departamento	6	ecuatorial	27	esquina	8
deporte	17	edificio	17	está	1
deportivo/va	14	edredón	13	estación	27
depositar	11	efectivamente	C14	estado	21
depósito	9, 11	efectivo	4	estancia	8
derecha	1, 17	ejemplo	16	estándar	12
derecho	17	ejercicio	17	estante	8
Derecho	18	electricidad	C6	estantería	8
desafortunadamente	27	electrodoméstico	13	estar	1
descansar	4	eminentemente	C14	estatua	23
descanse	4	emoción	C6	este/esta	1
descanso	27	emperador	14	estilo	17
descender	2	empezado	2	estómago	14
desconocido/da	19	empezar	2	estoy	1
desde	11	empresa	6	estrecho	27
desean	7	encanta	17	estudiando	18
desear	7	encantado/da	6	estudiar	18
deseo	13	encantar	17	exactamente	21
desierto	21	encender	8	examen	C1
despacio	C11	encenderá	8	examinar	15
despertar	4	encenderse	8	excelente	17
después	1	encima	20	excepcionalmente	C14
devolución	15	encontrar	13	excesivamente	C14
di	19, C16	encuentre	17	exclusivamente	C14
diafragma	7	encuentro	13	exhaustivamente	C14
diario/ria	13	enfrente	4	éxito	16
diarrea	14	engañar	C11	extensión	6
dichoso/sa	C10	engañe	C11	extranjero/ra	14
diciembre	26	enseñar	21	extraño/ña	22
diferente	10	entender	8		
difícil	27	enterarse	24	**F**	
dijiste	24	entiendo	8	fácil	6
dijo	7	entonces	8	familia	9
dinosaurio	27	entrada	2	famoso/sa	27
directo/ta	27	entrando	22	farmacia	14
director/ra	6	entrar	22	fauna	21
disco	8, 16	entre	21	favor	1
disculpar	5	entrega	12	fecha	27
disculpe	5	enviamos	12	felices	18
disfrutar	15	enviar	12	felicidad	27
divertirse	18	época	27	felicidades	27
dócil	22	equipaje	2	feliz	18
doctor/ra	15	equipo	8	férreo/a	C9
documento	C15	escalera	1	ferretería	C9
doler	15	escáner	8	festivo/va	26
dolor	14	esconder	8	ficción	19
domicilio	11	escondido/da	8	fiesta	18
dónde	1	escuchando	16	fijo/ja	10
dormitorio	9	escuchar	16	fila	C16
doy	15	ese/esa	3	fin	22, 27
dudar	C11	eso	13	firma	4
dudo	C11	espalda	17	flan	7

345

flor	C6
flora	21
fondo	8
forma	13
formato	1
formulario	11
foto	18
fotocopiadora	8
fotografiar	21
Fragata magnífica	27
frecuentemente	19
frío	22
frío/a	13
fruta	13
fuera	2
fuéramos	24
fuerte	14
funcionar	8
funcionará	8

G

Galápagos	27
ganar	C11
gane	C11
gas	7
gato/ta	20
gelatina	7
generación	25
gente	13
gigabyte	8
gigante	27
gimnasio	17
gracias	1
grande	C4
grifo	8
gringo/ga	19
grupo	6, 25
guacamaya	22
Guanajuato	2
Guatemala	16
guatemalteco/ca	16
guerra	18
guía	21
guitarra	25
gustar	2
gustaría	2
guste	17
gusto	4

H

haber	4
había	5
hábil	11
habitación	4
habla	23
hablar	23
hacer	8
hacerse	17
hacha	C6
hacia	22

haga	C16
hasta	6
hay	4
haz	C16
hermano/na	C6
hermoso/sa	23
Hidalgo	21
hidratante	15
hielo	7
hijo/ja	C13
histórico/ca	18
hombre	8
hora	4
hotel	1
hoy	6
hubiera	C18
huevo	20
humano/na	27

I

idea	21
igual	13
iguana	27
imaginarse	27
imagínate	27
importa	25
importante	18
importar	25
impresión	C6
impresionante	22
impresora	8
impuesto	12
inalámbrico/ca	6
inclinarse	22
inclinarte	22
incluido-da	3
incluir	9
increíble	21
independencia	26
indicación	2
individual	12
infección	15
información	3
inglés	21
inicial	11
inmigración	1
inmobiliaria	8
inscripción	17
intangible	14
interesa	27
interesar	27
internacional	1
Internet	19
invasor/ra	14
invitar	7
invitaste	18
ir	1
irme	18
irse	4
isla	27

IVA	12
izquierda	8

J

jalapeño	19
jalar	22
jale	22
Japón	1
japonés	20
japonés/sa	10, 27
jefe/fa	C13
Jesucristo	27
jugo	13
junta	6
juntarse	26
junto/ta	6

K

karaoke	25
kilo	13

L

lado	13
lago	21
lámpara	C6
lancha	27
lápiz	8
largo/ga	27
latino/na	16
latinoamericano/na	16
lavarse	8
leche	C6
lejos	21
lengua	16
león/na	23
letra	8
levantarse	22
libre	17
libremente	17
libro	C7
limonada	7
línea	2
líquido/da	14
listo/ta	2
llamar	6, 19
llamarse	4
llave	4
llegada	1
llegar	2
llegará	2
llenar	11
llenarse	26
lleno/na	21
llevamos	8
llevar	4
llevarse	14
llover	C11
llueva	C11
lluvia	27
local	2

lograr	27	mercado	13	naranja	13		
logras	27	mes	9	natación	17		
Los Ángeles Azules	25	mesa	7	náusea	15		
lugar	13	mesero/ra	7	Navidad	26		
lujo	12	metro	17	necesidad	13		
lumbre	C6	mexicano/na	14, 26	necesitar	1		
		México	1	necesite	1		

M

		mi	2	negocio	1
madre	26	microondas	13	negro/gra	23
madrugada	18	miedo	C11	ni	22
maestro/tra	C13	miel	C6	nido	22
maíz	C6	miembro	17	ninguno/na	C3
mal	14	mientas	C3	niño/ña	17
maleta	C6	mientras	4, 18	nivel	16
malo/la	C10	Mijares	16	no se preocupe	3
mañana	4	mineral	7	noche	4
manda	23	mínimo	11	nombre	4
mandar	23	minuto	2	normal	11
manejar	22	mira	18	normalmente	8
manga	C11	mirar	18	nos veamos	24
mango	13	miren	22	noticia	22
mano	8	mis	9	noviembre	26
mantequilla	19	mismo/ma	9, 19	nube	C6
mapa	23	Moctezuma	14	nuestro/ra	27
máquina	8	modelo	10	nuevo	13
maravilla	27	moderno/na	16	nuevo/va	6
maravilloso/sa	22	momento	3	numerado	24
marca	10	monitor	8	numerar	24
marcado/da	27	mono/na	23	número	2
mareado/da	27	monolito	22	nunca	22
mariachi	16	montado	22		
marino/na	27	montaña	21		

O

mariposa	17	montar	22	observación	21
marzo	27	montón	20	observar	22
más	4	mostrador	10	obtener	8
material	8	mostrar	9	obviamente	20
matrimonial	12	motivo	1	oficina	5
matriz	6	mover	23	ofrece	7
mayo	26	mucho	7, 15	ofrecer	7
me alegro	19	mucho/cha	4	oído	22
me enteré	24	mueble	12	oigan	21
me llamo	4	Muerte	27	oír	22
me llevo	14	muerto/ta	26	ojalá	27
media	6	mueve	23	omitimos	13
medicamento	14	mujer	C4	omitir	13
médico/ca	15	mulo/la	22	opción	9
medio/día	13	multifunción	8	oportunidad	19
megabyte	23	mundial	18	oral	15
mejor	10, 27	mundo	22	orangután	23
membresía	17	música	16	ordenador	8
memoria	8	muy	3	ordenar	19
mencionar	18			organizar	8
mencionas	18			origen	23
menos	23			originario/ria	25

N

mensaje	C8	nacional	1	oso/sa	23
mensual	17	nada	1	otra	24
mentir	C3	nadar	17	otro/otra	19, 21
mentira	C6	nadie	19		
menú	19				

347

oye	19

P

paciencia	27
padre	9
pagar	3
país	1
paisaje	22
pájaro	21
paloma	21
palomita	19
pan	C6
panadería	C9
pantalla	8
pantufla	4
pañuelo	8
papá	25
papel	C6
papelería	8
paquete	C16
para	7
parada	27
paraíso	22
parece	17
parecer	17
parecerse	27
pareja	22
parque	21
parte	7
pasa	15
pasar	10, 15, 22, 23
pasaremos	22
pase	10
pasillo	6
Pasión	27
pasión	C6
pastel	7
pata	27
pato/ta	23
patrimonio	14
pavimentar	22
pecho	17
pedazo	13
pedir	13
película	19
pena	19
pensar	8
pensé	8
pequeño/na	21
perdón	3
perdóname	19
perdonar	19
perfecto	9
perfecto/ta	22
perico	C16
permitirse	2
perro/rra	C10
persona	6
pertenencia	C16
pesado/da	27
pesar	27
pescando	27
pescar	27
peso	3, 17
petición	24
picante	19
pidiendo	20
pie	22
piel	C6
pieza	22
piloto	2
Piquero patiazul	27
piscina	17
piso	6
placer	18
planear	27
platillo	7
plato	13
pobre	C10
poco/ca	7
poder	1
pollo	20
pon	8
poner	8
popular	16
poquito/~ta	27
por	8, 19
porque	8
posibilidad	27
posible	19
posiblemente	27
postre	7
pozole	C9
pozolería	C9
practicaba	C12
practicar	C12
practiqué	C12
prasoso/sa	17
precio	9
precioso/sa	27
pregunta	8
preguntar	3
pregunte	3
preocuparse	3
prepago	10
preparar	8
presentar	6
presionar	8
presione	8
prestar	C13
prestaste	C13
primavera	27
primero	8, 26
primero/ra	9
principal	7
privado/da	27
probar	7
problema	6
produce	12
producir	12
profesor/ra	C1
programa	C6
prohibir	C11
prohíbo	C11
promoción	17
pronto	6
propina	3
propio/pia	25
propósito	8
proveedor	10
próximo/ma	18
pruebe	17
pueden	2
puedo	1
puerta	8
puerto	27
puntual	18
puro/ra	7

Q

qué	2
quedar	24
quedemos	24
querer	1
Querétaro	21
querido/da	24
queso	7
quetzal	27
quien	16
quién	18
quieras	18
quiero	1
quisieran	7

R

rama	21
ranchera	16
rápido	13
rato	5
ratón	6
razón	17
recámara	9
recepción	4
receta	15
recientemente	24
recoger	2
recomendable	17
recomendar	7
recomienda	7
recordar	14, 27
recuerdo	14
red	6

reducir	C16	saltaba	27	sierra	21
reduzca	C16	saltar	27	siga	17
referirse	8	salvaje	27	significa	8
refresco	13	San Gerardo de Dota	27	significar	8
refrigerador	13	San Isidro	27	sigues	25
región	14	San José	27	siguiente	9
registrarse	4	San Luis Potosí	21	silencio	21
regresar	7	Santa Cruz	27	silla	19
relacionado	26	santo/ta	27	silvestre	C16
relacionar	26	satisfecho/cha	7	sima	21
relativamente	21	sé	C16	similar	23
religión	27	se acaba	24	sin	7
renta	9	se cayeron	19	sincronización	22
rentar	8	se enciende	8	sincronizado	25
res	7	se juntan	26	sincronizar	25
reserva	23	se llenan	26	sirve	19
reservación	21	se parece	27	sistema	6
resorte	12	se permite	2	sobre	23, 27
respetan	26	se refiere	8	soda	13
respetar	26	se registra	4	sol	C6
respuesta	24	se tarda	7	solamente	18
restaurante	7	se terminó	19	solicitar	15
Resurrección	27	se vaya	4	solo	2
retraso	19	se ve	8	sólo	24
revisar	12	se vende	16	solo/la	9
revisión	8	se vengara	14	soltero/ra	9
revista	C13	sea	13	sótano	21
revolver	20	secarnos	8	soy	1
revuelto/ta	20	secarse	8	Sr.	4
rezar	26	sección	13	Sra.	23
Ricardo Arjona	16	secreto	27	su	1
rico/ca	13	seguida	4	suave	12
rincón	8	seguir	17, 25	suba	1
roca	22	segundo	8	subir	1
rojo/ja	26	segundo/da	9	subjuntivo	13
romántico/ca	19	seguridad	2	suero	15
rompemos	4	seguro	15	suerte	27
romper	4	seguro/ra	6, 27	suficiente	7
ropa	13	semáforo	17	sugerencia	24
ruina	18	semana	4	supermercado	13
rumbo	27	semilla	27	supuesto	7
S		señor	4	sur	16
sábado	12	señora	22	**T**	
sábana	13	señorita	20	taco	C9
saber	7, 25	sentarse	15	tal	14
sabes	25	sentir	17	tamaño	23
sabor	19	separado/da	11	también	8
sabroso/~sa	7	septiembre	26	tan	23
sacar	23	ser	1	tanto/ta	16
sacaste	23	sería	7	taquería	C9
sal	C6, C16	servicio	10	taquilla	27
sala	2	servir	10, 19	tardanza	5
Salamanca	1	Shakira	16	tardar	2
sale	22	si	6	tardará	2
saliendo	2	siempre	9	tardarse	7
salir	2	siéntese	15	tarde	6, 18
		siento	17		

349

tarjeta	3
taxi	3
taxista	3
taza	20
tazón	20
té	20
teclado	6
teléfono	4
tema	26
temprano	22
ten	22
tendrían	8
tenedor	13
tener	1, 8
tenga	1
tengamos	8
tercero/ra	6
terminal	27
terminarse	19
terror	19
tetera	20
tiempo	2
tienda	8
tiene	10
tina	9
tío/a	23
típico/ca	16
tipo	7
tíquet	3
tocaba	25
tocar	25
todavía	2
todo	13
todo/toda	6
tomar	2, 8, 27
tome	27
tomo	C3
tortuga	27
total	12
trabajando	21
trabajar	21
trabajo	8
tradicional	13
traemos	4
traer	4
tráfico	5
tragedia	18
tranquilo/la	22
transacción	11
transbordar	1
transbordo	2
traquetear	22
tren	C6
tumba	26
turno	11
tuyo/ya	24

U

últimamente	2
últmo/ma	12
universidad	18
unos/as	2
usar	2
USB	23
utilizar	7

V

va	1
vacación	21
vajilla	13
valor	12
vámonos	19
variedad	16
ve	C16
vea	20
veces	13
vegetación	21
velocidad	C6
ven	C16
vendedor/ra	13
venden	24
vender	24
venderse	16
venganza	14
vengarse	14
venir	1
ventanilla	3
ver	1, 15
verano	27
verdad	3, 14
verde	21
verse	8, 24
veterano/na	16
vez	13
viajar	27
viaje	1
vida	15
viene	1
viernes	18
vino	18
Virgen	26
visita	1
visitar	13
visto	9
vivir	9
volar	22
voy	1
vuela	22
vuelo	1

W

wifi	6

Y

y	1
ya	7
yendo	21

Z

zona	23
zoológico	23

著者紹介
平見尚隆(ひらみ　なおたか)
広島大学特任教授(産学・地域連携センター)

広島大学附属高校、早稲田大学理工学部卒
1986年 早稲田大学工学修士、1994年 ケンブリッジ大学 博士号(Ph.D.)取得
日米自動車会社で主に研究開発・企画業務に従事する間、アメリカ、イギリス、ドイツそしてメキシコでの海外生活を経験。日本ガラパゴス研究会(副会長)、日本エコツーリズム協会、日本ラテンアメリカ学会会員、中小企業診断士、柔道弐段、趣味は野鳥の写真撮影。
著書『企業で必要な英語コミュニケーション力を身につける』(ベレ出版)

協力
村上寿英(京都外国語大学講師)

カバーデザイン：竹内雄二
イラスト：いげためぐみ
写真：平見尚隆

MP3データの内容
◎時間：118分46秒
◎ナレーション：スペイン語 Ariadna Ortiz Ochoa 他／日本語 西田雅一

MP3 CD-ROM付き　ストーリーで身につけるスペイン語基本会話

2016年3月25日　初版発行

著者	平見尚隆(ひらみ なおたか)

© Naotaka Hirami 2016, Printed in Japan

発行者	内田真介
発行・発売	ベレ出版 〒162-0832　東京都新宿区岩戸町12 レベッカビル TEL　03-5225-4790　　FAX　03-5225-4795 ホームページ http://www.beret.co.jp/ 振替 00180-7-104058
印刷	三松堂株式会社
製本	根本製本株式会社

落丁本・乱丁本は小社編集部あてにお送りください。送料小社負担にてお取り替えします。
本書の無断複写は著作権法上での例外を除き禁じられています。購入者以外の第三者による本書のいかなる電子複製も一切認められておりません。

ISBN978-4-86064-456-7 C2087　　　　　　　　　編集担当　綿引ゆか

企業で必要な英語
コミュニケーション力を身につける

平見尚隆 著

四六並製／本体価格 1400 円（税別） ■ 232 頁
ISBN978-4-86064-386-7 C2082

「あなた以外の日本人とはコミュニケーションができない」と国際的な会議の場で言われた著者が、なぜ日本人は英語でのコミュニケーションが苦手なのかを考え、ビジネスパートナーから信頼を得るにはどのような英語を身につけ、どう接したらいいのかを、身近な英語を使う場面や実際にあったビジネスシーンでの例をあげながら丁寧に解説をしていく。気を付けるべきポイントさえおさえれば必ず友好な関係が築けることを証明してくれる、仕事をするビジネスパーソン必読の一冊。

スペイン語会話
パーフェクトブック

桜庭雅子 著

四六並製／本体価格 2000 円（税別） ■ 272 頁
ISBN978-4-86064-063-7 C2087

ありそうでなかった、スペイン語の日常会話フレーズ集です。文法解説は最小限にとどめ、とにかく、シンプルで使いやすいスペイン語のフレーズを、ありとあらゆる角度から約 2850 フレーズ掲載し、CD 2 枚に収録しました。フレーズでまるごと身につければ、実用的で自然に応用力もやしなえること請け合い！ まさにスペイン語の日常会話決定版です！

日記を書いて身につける
スペイン語

秋枝ひろこ 著

A5 並製／本体価格 1800 円（税別） ■ 288 頁
ISBN978-4-86064-412-3 C2087

日記を書くことで、毎日、スペイン語で考え、触れ、学ぶことができます。今日、自分の身のまわりにあった出来事をひと言でもいいから書いてみる、そしてそれについての感想を添えてみて、慣れてきたら少しずつ長く、というように上達に合わせて練習をしていけるように構成してあります。習慣化することを目標に、天気やひとこと感想、短い日記を書くのに役立つ表現から、接続法を使った中・上級者も学べる例文までを豊富に紹介。「日記を書いて身につける」各国語シリーズのスペイン語編です。